全断面硬岩掘进机滚刀破岩实验研究

周　鹏　郭喜峰　著

中国矿业大学出版社

· 徐州 ·

图书在版编目(CIP)数据

全断面硬岩掘进机滚刀破岩实验研究 / 周鹏，郭喜峰著. —徐州：中国矿业大学出版社，2019.12

ISBN 978-7-5646-2559-7

Ⅰ. ①全… Ⅱ. ①周…②郭… Ⅲ. ①隧道工程—全断面掘进机—掘进机刀具—力学性能—实验研究 Ⅳ. ①U455.3—33

中国版本图书馆 CIP 数据核字(2019)第 249040 号

书　　名　全断面硬岩掘进机滚刀破岩实验研究

著　　者　周　鹏　郭喜峰

责任编辑　仓小金

出版发行　中国矿业大学出版社有限责任公司

（江苏省徐州市解放南路　邮编 221008）

营销热线　(0516)83884103　83885105

出版服务　(0516)83995789　83884920

网　　址　http://www.cumtp.com　**E-mail**:cumtpvip@cumtp.com

印　　刷　江苏凤凰数码印务有限公司

开　　本　787 mm×960 mm　1/16　**印张** 9.25　**字数** 181 千字

版次印次　2019 年 12 月第 1 版　2019 年 12 月第 1 次印刷

定　　价　36.00 元

前　言

地下工程作为基础建设最重要的组成部分之一，对国家经济发展具有极其重要的作用。全断面硬岩掘进机是硬岩地质地下隧道的主要施工装备，其工作性能及其可靠性直接影响工程效率和工程质量。刀具系统是全断面硬岩掘进机的核心部件，主要由滚刀和刀盘组成。滚刀作为刀具系统的执行部件，承受着来自刀盘和岩石的双重压力，刀盘则承受着滚刀和刀盘推进装置施加的力。因此，由滚刀和刀盘构成的刀具系统是全断面硬岩掘进机的关键技术之一。

由于全断面硬岩掘进机是一种造价昂贵的大型、成套、高端设备，实验研究和模拟研究是攻克其刀具系统关键技术的重要手段。本书以工程应用为背景，以大量相关文献和实践资料为基础，首先开展双滚刀硬岩掘进实验台的研制，完成了实验台结构、控制与测试系统和液压系统的设计；建立了滚刀破岩受力振动模型，分析了滚刀破岩机理以及岩石破碎过程和振动特性，并实验验证了滚刀破岩受力及其对岩石特性适应性；建立了刀盘受力和振动模型，模拟和实验分析了破岩过程中刀盘受力特性、振动特性及滚刀间距布置。本书具体研究内容如下：

(1) 以工程应用为背景，以获取高精度和高可信度实验数据为目标，联合企业开展了集成化双滚刀硬岩掘进综合实验平台的研制；完成了综合实验平台结构系统、液压系统、控制系统和测试系统的方案设计；基于有限元分析了实验台框架、工作台和刀架的应力应变分布规律，并对实验台整体进行了模态分析，完成了实验台主体框架、工作台和滚刀架的结构设计，为开展硬岩掘进机刀具系统的岩石适应性实验研究奠定了基础。

(2) 完成实验台的液压驱动系统设计，给出了工作台和刀具两大液压系统的仿真分析方法，并据此完成了实际液压系统的调试。开发了由实验分析模块、控制策略分析模块、仿真实验分析模块、参数性能检测模块组成的双刀系统结构智能控制平台，将基于模糊神经网络预测的智能控制方法引入实验平台的控制系统，提高了实验台抗干扰能力，使其具有良好的动态特性和稳态精度。

(3) 基于滚刀破岩机理和破岩过程,建立了单滚刀破岩力学模型和模态分析模型,分析了单滚刀在破岩过程中的应力应变分布和应力集中规律以及振动性能,获得了岩石内应力分布规律。研究了压力和贯入度等参数对岩石内应力分布的影响,重点分析单滚刀对不同材质岩石的适应性。并利用实验平台研究滚刀振动特性以及不同岩石对破岩的影响,分析掘进过程中振动性能对滚刀寿命的影响规律,得到了不同岩石在滚刀破岩过程中的临界贯入度,即岩石贯入度的临界值。

(4) 根据刀盘结构和工作原理,分析了刀盘应力应变分布规律和振动特性,考察了结构参数和外部工作参数对刀盘受力和振动的影响。建立了双滚刀破岩力学模型,模拟分析了双滚刀位置、岩石特性和工作参数对双滚刀受力和破岩效率的影响。利用实验平台研究了不同材质的岩石特性、滚刀间距对破岩面积和效率的影响。研究发现滚刀破岩时,双滚刀间距存在最优值,此时相邻滚刀的破岩区域刚好相连,破岩区域最大,破岩效果最优。

(5) 通过仿真模拟和实验研究,建立了滚刀破岩过程中的临界贯入度、滚刀间距、岩石特征等因素的耦合关系,分析了刀间距、滚压速度和贯入度等因素对滚刀破岩效果的影响以及最优滚刀间距与破岩效率的对应关系。研究表明:可以基于研制的双滚刀硬岩掘进综合实验平台开展滚刀和刀盘部分工作性能实验研究,并获得高精度和可信的实验数据,集成化综合实验平台可以为理论研究提供重要的实验和验证手段。

目 录

第1章 绪 论

1.1 课题研究背景

随着当今世界的快速发展，人类赖以生存的自然环境不断恶化，土地资源，尤其是城市土地资源日趋匮乏，世界各国都将长远发展的目光越来越多地投入到地下空间的开发和利用上[1]。隧道作为重要一环，对地下空间的开发和利用起到至关重要的作用。传统的隧道施工法多采用明挖方式，对地下管线、地面建筑，尤其城市交通和人们的出行造成极大的困扰。全断面硬岩掘进机作为目前地下交通、隧道施工的重要工具，相对于传统的施工方法，具有质量高、成本低、影响小、出土量少等一系列优点，并已被广泛地应用于世界各个国家的城市建设中。全断面掘进机包括全断面硬岩掘进机和盾构机两类。全断面硬岩掘进机适用于硬岩地质结构，盾构机适用于软质土层地质结构。全断面硬岩掘进机作为一种高端设备，其造价昂贵、整机系统复杂。本书将重点对全断面硬岩掘进机进行研究。

有学者预测二十一世纪末世界将有三分之一的人口工作生活在地下空间[2]，如山岭隧道、城市地铁、水电工程、人防工程、地下军事设施等。据统计，截至 2018 年底，我国已建成通车的铁路和公路隧道有 14 000 余座，总长度约 12 700 多公里。在建的铁路和公路隧道项目也很多，单是长度在 10 公里以上的隧道就有 100 多座。下穿江河及湖泊的各类用途的隧道已有 40 多条[3]。隧道施工技术在其中起着决定性作用。

随着我国经济的快速发展和鼓励政策的引导，各方面工程建设规划和强度持续加强加大，尤其是为减轻城市路面交通拥挤需要修建大量的隧道交通工程。我国高速铁路建设已经全面铺开，面对山区等复杂的地质条件，更需隧道掘进技术的不断创新和发展。我国国内各城市建设的地铁总里程近 4 600 km，近 10 年间翻了 4 倍。截至 2019 年初，国内已有 33 个城市开通地铁，仅最近10年来，开通地铁的城市就增加了21个，地铁建设进入繁荣阶段。面对国内对全断面掘进机的巨大需求，相关研究者正在不断加强掘进机技术创新、研发，各种新型、实用、高效的地下全断面掘进机不断推陈出新。同时，国家下发的《国务院关于加快振兴装备制造业的若干意见》文件将“加快大断面岩石掘进机等大型施工机械的研制，尽快掌握关键设备制造技术”列入16项重大技术装备之一。国务院的《十大产业振兴规划》中明确把“装备制造业”列为十大振兴产业之一，这大大加速发展了我国隧道掘进机的研发及产业化进程。

1.2 全断面掘进机国内外技术研究综述

1.2.1 全断面掘进机技术的发展

(1) 国外技术发展

全断面掘进机械(tunnel boring machine，TBM)出现于19世纪初的英国。1818年，英国Marc Isambard Brunel从食船虫在船体上打洞的过程受到启发并研究出隧道掘进施工技术[5-6]。全断面隧道掘进技术全面进入实际使用是20世纪中叶，美国James S. Robbins公司成功设计和制造出具有现代化雏形的全断面掘进机，而且在全面断面掘进机上首次安装了盘形刀具，利用盘形刀盘对隧道岩体进行破碎与掘进，这在掘进机发展历史上具有里程碑意义[7]。

20世纪70年代，为了更好地适应在软黏土中的掘进效果，挤压式盾构隧道掘进机和闭胸式盾构隧道掘进机得到了广泛的研发与应用，并成为当时隧道掘进技术的主流[8]。21世纪初，土压平衡式盾构隧道掘进机与泥水式盾构隧道掘进机成为发展主流[9]。随着科学技术的发展，通过不断融合液压、电子、光学、热学、材料等先进技术，掘进机已成为重要的高端成套设备，生产主要集中于少数发达国家。据统计，全世界已累计生产各类型号隧道掘进机达一万多台，主要的生产厂家有欧美海瑞克、罗宾斯，日本三菱重工、迈通等公司，其技术处于世界先进水平[10]。

在隧道的建设中，对既能有效利用地下空间，又能兼顾环境保护、降低工程造价的全断面掘进机的需求越来越多。新型全断面掘进机相继问世，例如：异圆形断面隧道掘进机、特种隧道掘进机、超大口径和小口径圆形断面隧道掘进机、能适应多种复杂地质条件的复合型隧道掘进机等。在技术集成方面，高端前沿的科学技术也运用到全断面隧道掘进技术当中，例如：自动控制技术、状态检测及故障诊断技术、先进测控与导向技术等[11]。

(2) 国内技术发展

我国全断面掘进技术的研发起步较晚，最早可追溯到1953年，应用在东北阜新煤矿用于开工修建疏水巷道直径为2.6 m的全断面隧道掘进机。1962年初，上海城建局隧道工程部针对我国特有地层进行了全断面隧道掘进机系统的实验研究，研制了一台直径为4.16 m的手掘式普通敞胸全断面掘进机[12]，该全断面掘进机成功掘进68 m，获取了大量的掘进技术的数据资料。1966年，上海市隧道工程公司研制了SJ34型刀盘直径为3.4 m的掘进机，由原水电部上海水工机械厂组装生产，用于杭州王皇山、宝石山人防洞的隧道施工中[13]。

20世纪70年代初，我国先后研制了50多台直径不同的掘进机。经过一段时期的实践，由于刀圈材质、刀盘轴承、刀盘密封、大齿圈热处理等质量没有过关，防尘、噪声等关键问题没有解决，产品质量没有过关，多数不能使用[14]。

20世纪70年代中期，国家科学技术委员会组建了全国掘进机办公室，针对掘进机研制存在的关键问题，通过集中力量、联合攻关、技术交流，获得了大量技术资料。在总结第一代产品经验和教训的基础上研制成第二代掘进机产品SJ58A、SJ58B、EJ30/32等。通过实际施工发现国产掘进机与国外掘进机相比差距还很大，但相关实验数据的获得为新产品的设计提供了重要资料，而且培养了一批掘进机技术和施工人才[15]。如图1-1(a)、图1-1(b)所示型号为

(a) SJ58掘进机

(b) SJ40/45掘进机

(c) JSJ55掘进机

(d) EJ50掘进机

图1-1 部分国产全断面掘进机

SJ58 掘进机与 SJ40/45 掘进机由原上海水工机械厂设计生产。如图 1-1(c)所示的型号为 JSJ55 掘进机由原铁道兵所属原徐州机械制造厂设计生产。如图 1-1(d)所示的型号为 EJ50 掘进机由上海重型机器厂设计生产[16]。

进入 20 世纪 80 年代中期,我国全断面掘进机得到进一步的发展和应用,如表 1-1 所示[17]。

表 1-1　20 世纪 80 年代国内主要全断面掘进机制造商使用情况

制造商	刀盘直径/m	生产数量/台	完成工程/项	掘进总长/km
原上海水工机械厂	3.4～6.8	6	7	4.5
原上海第一石油机械厂	3～3.2	2	4	3.1
原上海重型机械厂	5	1	1	3.7
原山西 5409 厂	3.2	4	3	3.5
原铁道兵所属徐州机械制造厂	5.5	1	1	1.6
原抚顺矿务局机修厂	3.81	1	1	0.3
原萍乡矿务局机修厂	2.6	1	1	0.6
原西安煤矿机械厂	3.5	1	1	0.7
原广州机电工业局机械厂	2.5～4	2	2	0.5
合计		19	21	18.5

1987 年,我国第一台直径为 4.35 m 的加泥式全断面掘进机(土压平衡盾构机)是由上海隧道工程公司设计,上海造船厂制造生产的,如图 1-2 所示。该台掘进机用于上海市南站过江电缆隧道工程,在黄浦江底成功掘进 500 多米[18]。1993 年 8 月,上海隧道工程股份有限公司承建的上海地铁黄陂路站至陕西路站区间隧道工程中使用了与法国 FCB 公司共同设计制造的直径为 6.34 m的加泥式全断面掘进机,如图 1-3 所示[19]。

1995 年,我国从法国 FMT 公司、上海隧道工程有限公司购置两台全断面掘进机,加上上海隧道工程股份有限公司制造的 1 台等,累计 10 台全断面掘进机用于上海地铁 2 号隧道施工。此外,又从日本三菱重工引进了四台直径 6.14 m的加泥式全断面掘进机用于施工,如图 1-4 所示[20]。1996 年,上海隧道工程股份有限公司从日本引进直径 11.22 m 泥水加压平衡隧道掘进机,用于延安东路隧道南线工程,如图 1-5 所示[21-23]。

图 1-2　我国第一台全断面掘进机（土压平衡盾构机）

图 1-3　直径 6.34 m 的加泥式全断面掘进机

图 1-4　直径 6.14 m 加泥式全断面掘进机

图 1-5　直径 11.22 m 泥水加压平衡隧道掘进机

2003 年 9 月，上海隧道工程股份有限公司建设的双圆隧道在轨道交通 8 号线应用，这是中国应用盾构技术完成的首条双圆隧道，施工中使用的全断面掘进机如图 1-6 所示[24-25]。

图 1-6　中国首条双圆全断面隧道掘进机

由于全断面隧道掘进机价格昂贵，经济上受到一定程度的制约，加之我国对全断面隧道掘进技术在初期没有足够的重视，发展速度缓慢，应用受到限制。

改革开放以来，随着城市化进程步伐的进一步加快以及城市地下空间的进一步开发利用，对城市地铁隧道需求量越来越大的同时，对环境保护和施工质量要求也越来越高，为了满足城市的需求，我国开始大规模引进应用国外先进的全断面隧道施工技术与设备，我国的隧道施工技术也相应快速发展。以下为国内全断面隧道施工工程中具有代表性的隧道工程，如表 1-2 所示[26]。

表 1-2　国内全断面掘进机施工隧道典型工程

年份	工程名称	用途	直径/m	开挖长度/m	机型	台数/台	研制单位
1966	打浦路隧道	越江公路	10.2	1322	网格挤压	1	上海隧道/江南造船
1990	上海地铁 1 号线	地铁	6.34	18000	土压平衡	7	法国 FBC/上海隧道股份
1996	延安东路隧道	过江公路	11.22	1300	泥水加压平衡	1	日本/上海隧道股份
2000	广州地铁 1 号线	地铁	6.14	8800	泥水加压	2	日本/广重
2001	广州地铁 2 号线	地铁	6.14	8000	复合型式	2	德国海瑞克/中铁隧道/广重
2015	南昌轨道交通 2 号线一期工程	地铁	6.34	21510	双护盾复合型式	8	广重/上海隧道股份
2017	南水北调东线一期	水利工程	5.4	15000	网格挤压	7	上海隧道/江南造船
2018	成都地铁 5 号线	地铁	6.28	42000	土压平衡	12	德国海瑞克/中铁隧道/广重
2019	佛山地铁 2 号线	地铁	6.34	22900	土压平衡	6	德国海瑞克/中铁隧道

2010 年以来，我国的掘进机研究与开发进入迅猛发展阶段，如中铁工程装备集团有限公司、湖北天地重工有限公司、三一重工股份有限公司等中国国内企业都开始研究并制造掘进机，产品性能也有很大提高。由上海隧道工程股份有限公司生产的掘进机“先行一号”融合了很多先进的技术，其中的电液控制系统集成技术已是国际先进水平，主要表现在电液控制系统工作可靠，集散控制技术成熟，满足掘进机技术设计要求，控制箱 PLC（programmable logic controller）可以独立的调试和运行；运用智能和 PID（proportional integral detrivative control）双系统控制，增强土压平衡自动控制稳定性，提高了适应复杂地质的能力。

2015 年后，我国的施工 TBM 实现了国产化，国内生产出了拥有自主知识产权的 TBM 设备，摆脱了只能依靠引进国外 TBM 的局面，因此 2015 年至今可以称为我国 TBM 的自主发展时期。此阶段的典型工程有引松供水工程、兰州水源地工程和内蒙古补连煤矿斜井工程等。引松供水工程的第 3 台 TBM

为国内首台拥有自主知识产权的 TBM，兰州水源地工程的 TBM 为国产首台双护盾 TBM，内蒙古补连塔煤矿斜井工程属于世界首例单护盾 TBM 用于长大煤矿斜井施工的工程。2017 年后开始面向国外施工市场，如厄瓜多尔、越南、巴基斯坦、埃塞俄比亚、伊朗和黎巴嫩等都有中国的 TBM 施工队伍。

1.2.2 全断面掘进机技术研究与应用现状

(1) 国外技术研究现状

目前，国外专家在全断面隧道掘进技术，尤其是刀具系统方面的已经取得了一系列的研究成果：S. R. Torabi[27] 提出了比能的概念，并对其物理意义进行了解释和阐述，将比能分为由推力产生作用的比能 SEthrist 和由旋转作用产生的比能 SErotion 两大部分，并经过研究得出，在旋转作用下产生的比能 SErotion 要比在推力作用下产生的比能 SEthrist 大。W. Krauss 与 J. Konys[28] 合作对全断面掘进机刀具破岩过程中切向力和法向力的关系的研究得出了在两种力值不大于最大值的条件下，调整切向力与法向力之间比例关系，可以最大限度地传递机械能量，使刀盘的切削状态达到最优。V. Chaudhari等[29] 通过实验对盘形滚刀切割花岗岩时的性能做出了预测，得出了花岗岩中石英含量越多，滚刀切割岩石的难度越大。Q. M. Gong 等[30] 对两把盘形滚刀侵入岩石进行了仿真，研究了节理对裂纹扩展的影响，优化了刀间距的布置。R. Hasanpour 等[31] 利用 3D 仿真技术对切削土体的动态过程进行了仿真，分析了切削速度、切削角度与切削力的关系，得出了切削速度大小与切削力成反比的结论。N. Barton[32] 按照库仑—莫尔特定理论，在假设无侧面断裂和流体流动的条件下，通过解出破裂断面上的正应力和剪应力进行推算，得到刀具破岩过程中的正向切削力。R. K. Goel[33] 利用切煤情况进行研究，通过最大拉应力等方面的研究对切削力进行了精确的计算，提出了切削力计算方法。

国外各个大公司的掘进机设备的研究技术不断突破，产品自成体系[34-37]：

a. 盘形滚刀的推力从每把刀的 20 t 增至 40 t，滚刀直径从 15 inch(394 mm)增至 21 inch(534 mm)；

b. 洞内换刀的方式主要是由刀盘前换刀更改成为刀盘背面更换；

c. 适用于软硬岩石双护盾全断面掘进机得到了广泛的发展并且被普遍使用；

d. 可编程控制器代替了过去用有线继电器来控制掘进机的液压、润滑和电气等系统；

e. 德国的维尔特公司、加拿大的 HDRK 公司和法国的布依格公司成功研制针对软岩的摇臂式掘进机，用于开挖出圆形和矩形的断面隧道；

f. 德国海瑞克公司研制的敞开式全断面掘进机，根据埋深变化可在洞内进行机器直径的调整。

(2) 国内技术研究现状

目前，国内全断面隧道掘进技术的研制成果，基本都是引进、消化、吸收国外技术，许多公司还需要国外专业技术人员指导和协助，来共同制造安装。全断面掘进机的相关设备要求有很高的质量，但是国内生产技术不能满足要求，因此多数关键设备还需进口，例如：大轴承、液压阀、驱动马达等一些关键部件都要靠引进国外产品[38]。虽然我国隧道掘进技术水平与国外先进水平还存在一定的差距，但经过六十多年的努力和发展，国内的相关技术水平有了很大的提高。国内的相关专家学者对刀具系统关键技术做了相关研究，如：

李震等[39]在对复合型隧道掘进机分析设计计算的基础上提出了针对复合型刀盘的设计及滚刀布置方法。李刚等[40]提出了一种基于 CSM 模型的 TBM 刀盘比能预测方法，对刀盘支撑架进行了优化，提出新的刀盘支撑技术，减少了刀盘掘进时产生的振动。李辉等[41]利用 ABAQUS 对全断面掘进机刀盘刀具进行了有限元分析，仿真了刀具受力情况，同时提出了滚刀螺旋布置方法。张魁等[42]基于不同围压条件下对全断面隧道掘进机的刀盘进行了应力分析，建立了新的滚刀寿命预测模型。王旭等[43]采用 SolidWorks 对改造后的地铁隧道掘进机刀盘进行了受力与磨损分析，得出了适用于大深埋、硬岩材质的刀盘结构。卢瑾等[44]对全断面隧道掘进机刀盘进行仿真分析，得出刀盘结构的位移、应力和应变云图，并提出相应的修改方案。孙金山[45]和谭青等[46]对土压平衡隧道掘进机刀盘切削土体建立数学模型并通过 ANSYS 有限元分析软件建立了分析模型，得出相应的计算公式，并优化了滚刀破岩计算方法。邓志鑫等[47]针对大瑞铁路高黎贡山隧道工程特定岩性条件，运用显示动力学理论和岩体破碎准则，建立了滚刀破岩数值模型，并对不同贯入度下滚刀破岩效率进行了分析。夏毅敏[48]和桑松龄等[49]建立了岩石在盘形滚刀作用下的力学模型，给出了岩石在盘形滚刀作用下形变的几何方程、物理方程和平衡方程。张坤勇[50]和莫振泽等[51]研究了岩石节理倾角和间距对隧道掘进机破岩特性的影响，验证两把滚刀破岩过程中存在一个最优距离，在此距离下滚刀破岩效率最高，同时结合工程实例，根据不同地形合理选取滚刀提高掘进效率。邓立营[52]和程军等[53]给出了全断面掘进机的刀具布置设计方法，并给出刀盘上不等刀间距的滚刀破岩量的估算方法。建立了带复杂性能约束的非线性多目标刀具布置优化模型，进而在该模型目标函数及其约束条件的耦合分析和解耦的基础上，得出刀具布置极径与极角计算的分阶段求解策略，并在全断面掘进机上进行了验证。

(3) 国外技术应用现状

全断面掘进机隧道施工技术在科技进步的带动和推进作用下，得到了飞速的发展，技术与质量也达到了一定的高度。全断面掘进机掘进完成的隧道数量，特别是深埋长隧道的使用率不断加大，在很大程度上保证了隧道工程掘进的速度和质量。据初步统计，截至 2018 年年底，全国公路隧道工程 17 738 处、总长 17 236.1 km。尤其是在美日欧等发达国家，在进行隧道施工方案选择时，全断面隧道掘进技术已占有举足轻重的地位。

利用截面为圆形与全断面隧道掘进机刀盘相符的特点，隧道基本都利用全断面隧道掘进机掘进。已建成的典型隧道有日本青函隧道、英吉利海峡隧道、南非莱索托隧道、瑞士勒力奇山铁路走廊二期工程等[55]。目前国外正在施工的著名隧道工程分布在南非、瑞士和意大利等发达国家，主要有南非莱索托南水北调工程，瑞士哥特哈得铁路隧道工程和全欧洲境内计划中的高速铁路网中的众多隧道等[56]。2001 年 11 月，全球最大的地下隧道“绿心隧道”(Groene Hart)在荷兰开始掘进，该项目被誉为一个满足生态平衡的工程项目，该隧道直径约 15 m，是当时开挖直径最大的隧道工程，工程中使用的全断面掘进机如图 1-7 所示[57]。

图 1-7 法国直径 14.87 m 全断面掘进机

(4) 国内技术应用现状

在我国经济实力和科研水平飞速发展及相关国家政策带动下，国内的全断面掘进机制造产业得到了突飞猛进的发展，但应用技术水平与欧美发达国家仍有一定的差距。在掘进机的研制过程中，一方面采取以引进掘进机主机设备等关键性部件，一方面采用合资或合作方式生产配套设备。通过不断引进、消化、吸收国外先进技术，我国全断面掘进机正逐步实现完全国产化。国内全断面掘进机技术应用实例统计表如表 1-3 所示[58]。

我国拟建隧道项目有着明显的发展优势，除了国内多个正在建设的地铁工程，陕西省石头河输水隧道工程、甘肃省挑河输水隧道工程、新疆恰甫其海输水隧道工程等都在积极建设。这表明，我国全断面隧道掘进机施工高峰时代已经来临，并逐步会形成一个全新的、具有高度技术水准的施工领域。

表 1-3 国内全断面掘进技术应用实例统计表

工程项目	施工时间	掘进机直径/m	掘进机制造商	数量
引大入秦	1991 年	5.5	Robbins	1
引黄入晋总干线	1994 年	6.1	Robbins	1
秦岭隧道	1995 年	8.8	Wirth	2
引黄入晋总国际 2 标、3 标	1998 年	4.8～4.92	Robbins	3
引黄入晋总国际 2 标、3 标	1998 年	4.9	NMF	1
引黄入晋总国际 2 标、3 标	2000 年	4.8	Robbins	1
南昌轨道交通 2 号线	2015	6.34	NFM	1
南水北调东线一期	2017	5.4	VMT	—

1.2.3 全断面掘进机未来发展趋势分析

通过对全面掘进机发展技术和应用现状的分析，未来的全断面掘进机无论在功能、寿命、使用效率还是在造价等方面都要不断满足更多的发展需要。我国掘进机技术正朝着如下四个方向发展[59-61]：

(1) 掘进机重型化和大功率化

目前，大功率、重型掘进机已然成为掘进机厂家研发水平和制造能力的一个衡量标准。大功率、重型掘进机具有切割范围大、破岩能力强和机身稳定性好等优势，能够满足长隧道、高埋深及土体自稳能力差等复杂施工环境的要求。随着隧道不断加深，巷道断面不断扩大，大功率掘进机的发展是一个必然趋势。

(2) 高破岩效率和低损耗率

因掘进机刀具系统在掘进过程中需时常更换，且成本较大，所以掘进机刀具的高效破岩、低磨损率是掘进机关键性能指标，也是客户重点关注的性能。影响刀具破岩效率与磨损的主要因素包括：滚刀切割线速度、切割力大小、切割深度。优化滚刀、提高滚刀生产加工质量的同时，合理选择上述等多个参数，建立施工参数数据库也是使掘进机获得高效掘进效率和低磨损、低维修率的一种重要方法和研究方向。

(3) 掘进机自动化、智能化

随着地下掘进技术的快速发展与多元化结合，全断面掘进机技术正向着机电一体化、液压自动化、控制一体化和智能化的方向发展。其中，计算机技术的发展使掘进机的自动化程度越来越高，掘进机具有施工数据采集、掘进姿态管理、施工数据管理、设备管理、施工数据实时远传等功能，具有能够自动检测掘进机的位置和姿态，并利用模糊理论自动进行调整，可自动平衡压力控制，可自动实现管片拼装等功能。为此，我国针对该研究领域专门设立了多项国家级重点项目，鼓励掘进机遥控关键技术、远程控制技术、掘进机监测系统、掘进机可视化远程监控等相关技术的研发。

(4) 个性化定制

我国地质、地下条件较为复杂，而全断面掘进机在设计方面更适应北方地质结构。南方底板松软、水多、巷道窄小等巷道条件很有可能不适于常规掘进机。据统计，我国南部还有部分地区因地质条件较差、断面窄小、巷道坡度大、岩石太硬等原因，不宜使用机械化掘进机施工。因此特殊巷道的个性化零部件研制成为掘进机的一个重要发展方向，研制特殊形状、特殊工况的掘进机以适应特殊地质隧道施工，提高我国隧道施工机械化率，也是一个重要发展方向和发展趋势。

通过对上述全断面掘进机的技术发展和应用情况的分析，尤其对目前已有的全断面掘进机的刀具系统技术研究成果的分析，笔者发现：第一，多数研究成果仅对刀具系统中的某一项因素进行分析，而且研究的约束条件较多，但实际滚刀破岩工况复杂，单一因素的研究很难符合实际使用情况；第二，刀具系统破岩过程中，涉及影响因素较多，而且之间存在一定的关联度，之前的研究成果缺少将滚刀破岩在多重因素进行综合考虑的方法；第三，在理论研究方面，由于缺少能真实模拟滚刀破岩过程的实验工具，理论研究和分析的成果无法得到有效的验证。而且实际施工中，多以经验公式为主，缺少与理论分析的联系，加之破岩过程涉及多个领域知识结构，造成理论与实践结合程度较低；第四，随着掘进施工的推进，滚刀的磨损和地质结构的变化对破岩工作效率影响较大，目前的研究成果中缺少二者与破岩效率的耦合关系。基于上述分析，本书将重点以全断面硬岩掘进机刀具系统为研究对象，通过对刀具系统破岩过程进行系统研究，建立完全模拟真实工况的实验台，并对理论分析进行验证，为全断面硬岩掘进刀具系统与实际工况真实结合提供重要的理论研究依据和实验数据支撑。其中，实验验证手段也研究的重点内容之一，下面将重点对全断面掘进机实验台技术情况进行分析。

1.3 用于掘进机刀具系统的实验台

刀具系统是全断面掘进机的核心部件。全断面掘进机通过刀盘上的滚刀对工作面进行开挖，受力情况十分复杂，容易造成刀具的非正常磨损，降低刀具的使用寿命。但深入施工现场进行实测，无法实现研究刀具前角、刀宽、贯入度等单因素对刀具受力的影响。因此通过对全断面掘进机刀具系统实验台进行实验检测，是一种有效而又简捷的方式。

1.3.1 国外掘进机刀具系统实验台研究综述

美国密歇根理工大学和密苏里罗拉大学针对单把 17 inch 滚刀建立了实验台[62]，在对科罗拉多的红花岗岩进行切削实验基础上，对隧道掘进机的掘进性能做出了预测。韩国的首尔国立大学和韩国建筑技术学院也做过类似研究[63]。英国道路与运输研究实验室对全断面掘进机盘形滚刀做了线性切割实验[64]，研究脆性材料特性与盘形滚刀有效切割之间的关系。美国科罗拉多矿业学院设计建立了滚刀线性旋转切割实验台[65]，对直径为 1.75 inch～12 inch 的各类盘形滚刀在大间距下做了线性和回转切割实验，分析研究切削力与刀具的工作参数、结构参数以及岩石的特性关系，并建立了刀具切削力的预测模型，如图 1-8 所示。通过实验，Teale 等对不同刀刃角的刀具进行了实验观察[66]，发现刀刃越尖，侧向荷载越高，由于其刀具刚度不足，易导致刀具的晃动，不能提供足够的侧向抗力。A. Delisio[64] 等学者也做了大量的实验，研究了切割力、比能、刀间距及切削深度之间的关系，并分析了刀具破岩的效果。

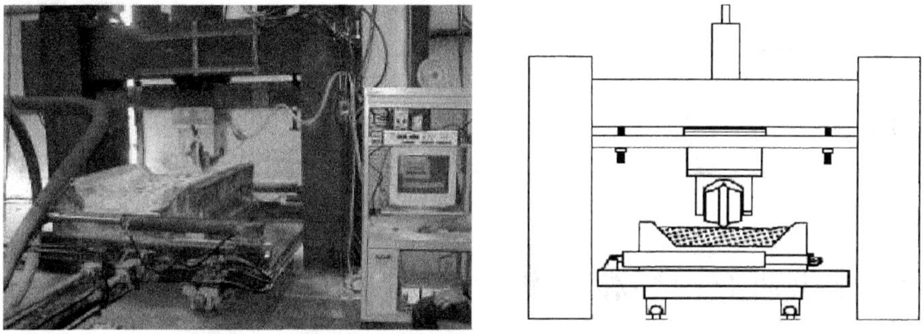

图 1-8 美国 Colorado 矿业学院滚刀旋转切刻实验台

1.3.2 国内掘进机刀具系统实验台研究综述

随着全断面掘进机在我国大型工程建设上的广泛使用，国内许多专家学者同时也展开了刀具破岩的理论和实验研究，有效地推动了掘进机国产化的进程。20 世纪 70 年代末原东北工学院借助岩石破碎实验台对盘形楔刃滚刀进行了实验研究，优化和改进了刀具的设计，并建立了盘形滚刀受力的预测模型[68]。中南大学地下隧道研究中心的研究人员认为盘形滚刀与岩石的相互作用可视为刀刃与岩面为两圆柱体的相互挤压[69]，其结果为线接触，垂直力和挤压应力之间的关系可通过 Herz 公式推导得出。华北水电学院北京研究生部经过现场观测实验室内的滚刀直槽和圆槽切割实验以及压痕实验[70]，提出盘形滚刀破岩是挤压、裂纹张拉以及剪切的综合作用，压痕实验发现滚刀的垂直推力与侵入深度有关。上海隧道股份有限公司在国家 863 计划项目“盾构控制系统检测试验台”上进行了泥水平衡盾构刀具直接切削、破碎不同强度土体内木桩实验，研究了施工过程中刀具的选型和配置[71]。

为探讨全断面掘进机盘形滚刀的破岩机理和滚刀耐磨性，国内学者还做了盘形滚刀压痕实验，线性切槽实验和滚压岩石的圆槽实验，如表 1-4 所示[72]。

表 1-4 实验简要汇总表

实验名称	实验目的	实验结果
压痕实验	探讨盘形滚刀的推压力与刀具参数，岩石性能参数与刀间距之间的关系	建立压痕公式
线性切槽实验	探讨盘形滚刀的推压力，滚动力与刀具参数，岩石性能参数与刀间距之间的关系	建立半经验公式

表 1-4(续)

实验名称	实验目的	实验结果
圆槽实验	探讨盘形滚刀的推压力,滚动力,侧向力与刀具参数,岩石性能参数与刀间距之间的关系	

1.4 本书研究内容和关键技术

1.4.1 本书主要研究内容

本书对国内外硬岩掘进机的发展研究现状进行调研和分析,在掌握了国内外全断面掘进机刀具技术不足的前提下开展有针对性的研究工作。尤其是在面临国内外掘进机刀具系统实验设备落后、实验手段单一的情况下,研制了一台高技术掘进综合实验台,为开展刀具高水平研究提供条件。另外,本书针对全断面掘进机刀具系统进行理论研究。分析滚刀破岩机理,建立滚刀破岩的力学模型,并对单滚刀及双滚刀的破岩过程进行有限元分析。基于双滚刀破岩理论建立了刀盘破岩力学模型,分析了掘进机刀盘破岩过程及其对刀盘受力的影响。同时通过所研制的集成化硬岩掘进综合实验台对上述理论研究成果进行实验验证。本书结构如图 1-9 所示。

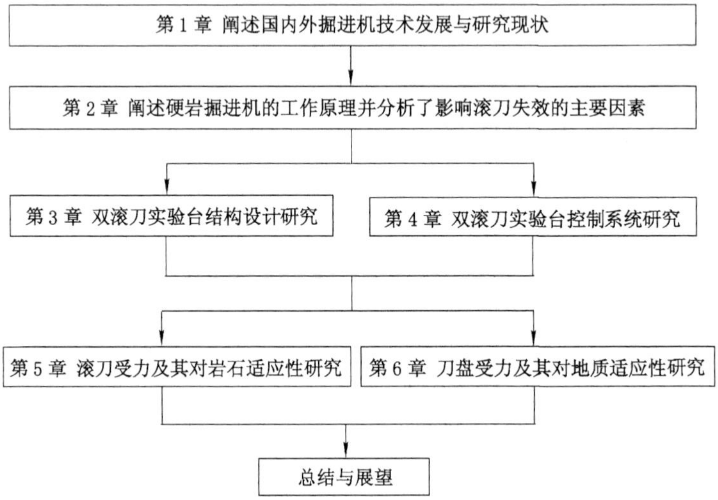

图 1-9 本书的主要研究内容及章节安排

本书以实际工程为背景，以全断面硬岩掘进机刀具系统作为主要研究对象，以高性能掘进综合实验建设平台为目标，采用理论分析、实验研究、工程验证等研究方法，完成以下研究内容：

(1) 研制与开发了集成化双滚刀硬岩掘进综合实验平台。该实验台具有集理论分析、工程实验、仿真分析为一体的多种功能，可提供刀具系统、控制系统、参数测试分析等仿真研究和工程实践验证。主要包括工作台系统、滚刀架系统、工作台驱动液压系统、刀架液压驱动系统、计算机控制系统、掘进特性参数测量系统等。其实验功能主要包括：刀具实验分析模块、控制策略分析模块、仿真实验分析模块、参数性能检测模块，可实现硬岩掘进机性能分析、工程实验，具有实验数据准确、可靠性高、操作方便等特点。同时，通过现场实验证明了实验系统的有效性。

(2) 综合实验台的控制系统研究。对岩石滚刀实验台液压驱动系统进行了设计与仿真，分析了工作台和刀具两大液压系统，并达到验收要求。开发了双刀系统结构的智能控制平台，使系统更加完善。并主要对刀具实验分析模块、控制策略分析模块、仿真实验分析模块、参数性能检测模块进行了设计与分析。同时，提出模糊神经网络预测控制技术，将智能控制方法引入掘进机的控制系统，采用非线性控制与预测控制融合的控制技术，通过预测未来控制量实施有效控制。

(3) 建立了滚刀和刀具系统掘进的力学模型。仿真分析了滚刀破岩进刀过程中的滚刀和岩石受力和变形、滚刀掘进时的模态和滚刀对岩石特性的适应性。分析刀盘的受力、变形和振动特性以及滚刀在刀盘上的布置。运用研制的实验台，测试和分析滚刀和刀盘在掘进中的受力、滚刀磨损和刀间距对掘进的影响，并进行刀盘地质适应性分析。

(4) 通过实验及理论分析，提出了岩石临界深度和最优刀间距等新的理念，为系统设计、掘进施工提供理论和技术支撑。基于以上研究理论，找出影响刀盘振动的主要因素，提出优化滚刀布置的方法。另外，通过研究得出了滚刀掘进过程中的临界深度与岩石破碎的相互影响关系，并且找出了影响滚刀破岩刀间距的主要因素，分析了最优刀间距与破岩效率的对应关系。

1.4.2 本书关键技术

(1) 对双滚刀硬岩掘进综合实验平台进行整机及关键部件的结构设计。使其具有可同时进行两把滚刀顺次切割滚压实验，可模拟刀盘不同贯入度切割岩石过程，可模拟刀盘不同转速破岩过程，可进行刀具、岩石材料的耐磨实验，可进行不同尺寸滚刀的实验，可进行不同刀间距和相位角的破岩实验等多种实验功能。同时，对其结构进行设计使其刚度、强度等力学性能到达指标，满足实验机进行安全实验的条件。

(2) 对实验台的控制系统进行设计与分析。主要对实验台的工作台和刀具两大液压驱动系统进行设计与仿真分析。同时基于所设计的液压系统建立刀具实验分析模块、控制策略分析模块、仿真实验分析模块、参数性能检测模块、故障报警模块等，实现实验台的高可靠性、操作简单方便等特点。

(3) 滚刀力学分析与实验验证。对滚刀破岩过程进行仿真与力学分析。分析滚刀破岩过程中滚刀受力、振动情况，得出滚刀磨损规律。另外，分析滚刀贯入度、刀间距、岩石特征等多种因素的耦合关系，并进行实验验证。

(4) 通过实验及理论分析，对岩石临界深度和最优刀间距进行深入研究，并且找出影响滚刀破岩刀间距的主要因素，并分析最优刀间距与破岩效率的对应关系。另外，基于以上研究，提出滚刀在刀盘上的优化布置方法，分析刀盘的受力、变形和振动特性，并进行刀盘地质适应性分析。

第 2 章　全断面硬岩掘进机构造原理及刀具系统

全断面硬岩掘进机主要有四种：支撑式全断面硬岩掘进机、护盾式全断面硬岩掘进机、扩孔式全断面硬岩掘进机和摇臂式全断面硬岩掘进机。全断面硬岩掘进机主要采用刀盘旋转掘进隧道，除了主机（掘进机系统）外，还有完整的后配套系统，两者要密切配合运行，再加上科学的施工技术和管理完成掘进施工，整个过程是一项很严密的系统工程[73]。本章内容主要介绍硬岩掘进机的特点及工作原理，同时对掘进机的主要设备——刀具系统及其失效形式进行阐述与分析。

2.1　全断面硬岩掘进机的构造与工作原理

2.1.1　全断面硬岩掘进机分类及特点

（1）支撑式全断面硬岩掘进机

支撑式全断面掘进机如图 2-1 所示，它是通过自身的支撑框架撑紧施工隧道的洞壁，把撑紧力作为承载向前掘进的反扭矩和反作用力，这种类型的硬岩掘进机工作范围仅限于洞壁岩石特性较好的隧洞。

图 2-1　支撑式全断面硬岩掘进机

(2) 护盾式全断面硬岩掘进机

护盾式全断面硬岩掘进机的结构如图 2-2 所示，它是在整个机器的外围安装一个圆筒形保护结构，其尺寸与机器外径相一致，这样利于掘进过程中遇到复杂或破碎的岩层时能够继续工作[74]。

图 2-2 护盾式全断面硬岩掘进机机

(3) 扩孔式全断面硬岩掘进机

扩孔式全断面硬岩掘进机是利用先导机对待破岩洞进行导洞，之后利用刀盘进行挖掘，其结构原理如图 2-3 所示[75]。该类型掘进机在进行大直径隧道施工过程中，由于其边刀速度范围有限，因此掘进机掘进速度将会受到限制。

(4) 摇臂式全断面硬岩掘进机

摇臂式掘进机施工过程中，刀具在摇臂驱动作用下实现岩石切割直至将其破碎。摇臂动作通过液压系统进行驱动，刀具在该驱动作用下实现摆动、转动及内外交互式运动，即通过几种运动的合成实现螺旋状破岩轨迹。设备在掘进过程中，通过推进液压系统实现掘进破岩和支撑板的支护作用，摇臂式硬岩掘进机详细结构如图 2-4 所示[76]。

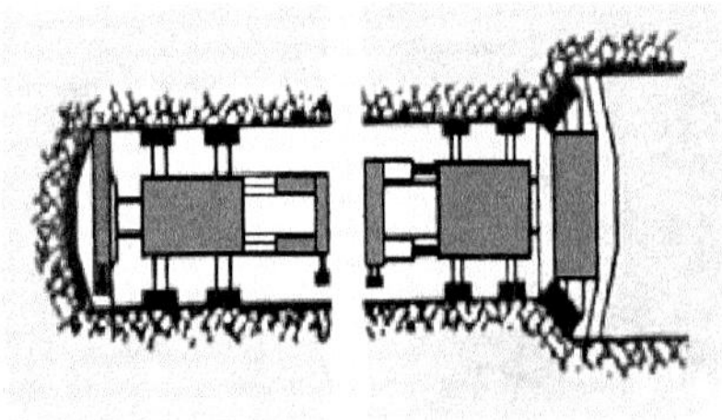

图 2-3 扩孔式全断面硬岩掘进机

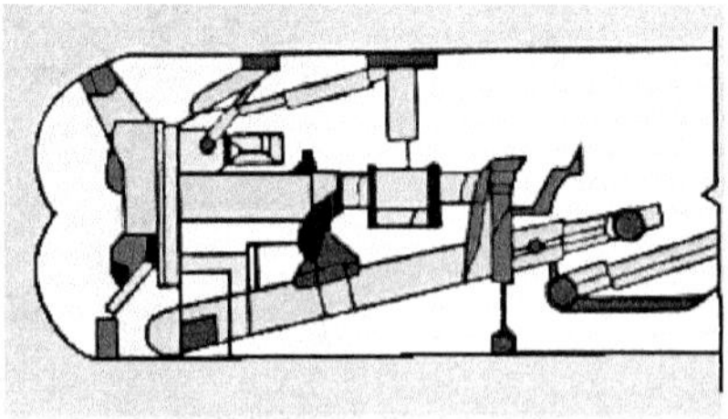

图 2-4 摇臂式硬岩掘进机

2.1.2　全断面硬岩掘进机的工作原理及其主要设备

(1) 全断面硬岩掘进机的工作原理

全断面硬岩掘进机在掘进时，主机通过支撑系统将自身锁定在隧道的洞壁上，通过支撑系统提供的支撑刀盘的扭矩和破岩的反力作用，油缸把推力提供给刀盘，分布在刀盘上的滚刀在推进力的作用下压紧待开挖工作面的岩石。滚刀随刀盘绕其轴线公转的同时，绕自身刀轴自转。当滚刀产生的破岩力超过岩石本身的抗压强度时，滚刀压入岩石，刀盘持续旋转，滚刀连续滚压形成沟槽并不断向周围延伸。当刀盘旋转产生的破岩应力超过岩石的抗拉强度和剪切强度时，相邻沟槽间的岩石剥落。分布在刀盘边缘上的铲斗将崩落的岩渣收集起来，使其通过与铲斗相连的溜槽落到主机内的皮带输送机上，再转载到后配套皮带输送机上，最后运送至隧道外。

(2) 全断面硬岩掘进机的主要设备

全断面硬岩掘进机包括主机、辅助设备、后配套设备等，以护盾式全断面硬岩掘进机为例，其结构如图 2-5 所示[77]。刀具系统应具有较强的耐磨性，可适应硬岩掘进中高强度、高冲击的施工环境。刀具系统的选型及配置应依据施工地段的实际环境进行，同时应满足开挖直径小于掘进机最小标定直径的要求。刀盘系统上的刀具主要包括：中心刀、正滚刀、边滚刀，如图 2-6 所示[78-79]。

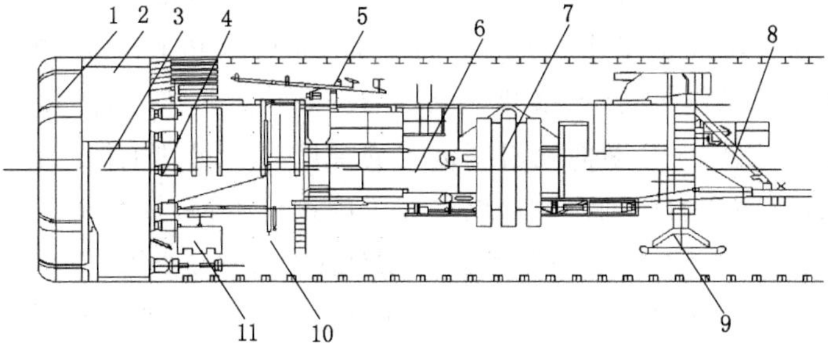

1—刀盘部件；2—刀盘护盾；3—刀盘支撑壳体；4—刀盘回转传动机构；
5—超前钻机；6—推进液压缸；7—水平支撑；8—出渣皮带机；
9—后下支撑；10—锚杆钻机；11—管片安装机

图 2-5　全断面硬岩掘进机结构示意图

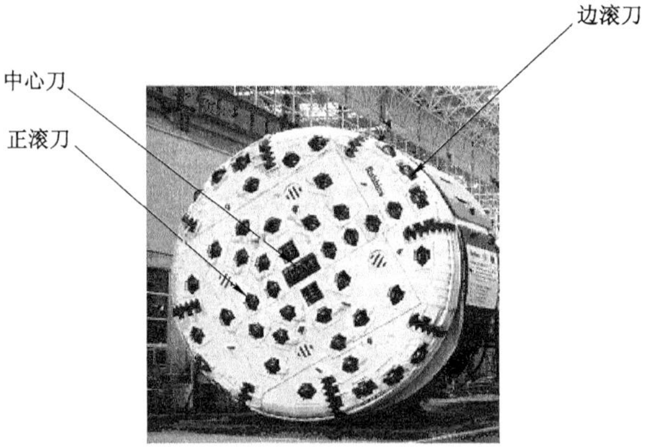

图 2-6　刀盘结构示意图

2.2　全断面硬岩掘进机滚刀系统

滚刀是全断面硬岩掘进机刀具系统的核心部件。对滚刀进行合理的选择、使用、维护和更换,直接决定着隧道工程的质量、进度和成本。在硬岩地层中,滚刀费用更是占据了开挖费用很高的比例。滚刀在破岩过程中不但承受着很大的径向载荷,而且直接参与破岩的刀圈刃部,因经常受到岩石中磨砺性硬矿物的剧烈摩擦,刀圈刃部急剧磨损,导致滚刀的损坏,因此必须经常更换滚刀。滚刀的更换不但增加了刀具系统的消耗量和设备的维修工作量,而且降低了硬岩掘进机的有效工作时间,导致开挖成本的提高。近年来,虽然盘形滚刀在技术上有了重大突破,对全断面硬岩掘进机的推广应用起到了促进作用,但统计资料仍然表明,硬岩掘进机在硬岩地层施工的过程中,刀具费用仍然可达机组施工成本的三分之一左右。在坚硬岩层中施工时,滚刀费用更为惊人。因此,做好滚刀破岩机理的研究,尤其对滚刀结构和磨损分析就非常必要。

2.2.1　盘形滚刀的基本结构

破岩滚刀由牙轮钻演变而来,其形状各异,大致可分为盘形、球齿滚刀及楔齿滚刀等。其中,盘形滚刀破岩成块状,破岩效率高,掘进速度快,消耗动力又较少,所以设计制造的掘进机均采用盘形滚刀破岩。盘形滚刀主要由刀体、刀圈、刀圈挡圈、密封、轴承、心轴和端盖等零部件组成。其结构如图 2-7 所示[80]。

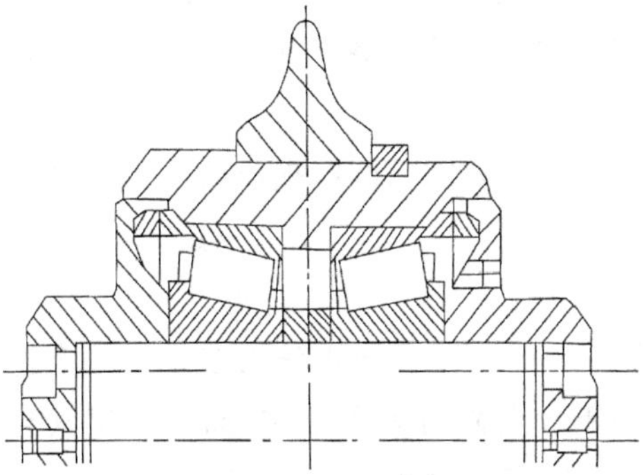

图 2-7　盘形滚刀结构示意图

刀圈和挡圈安装在刀体外，刀圈和刀体之间采用过盈配合，过盈量可达 0.36 mm，一般将刀圈加热到 200 ℃左右将其安装在刀体上。挡圈由两个半圆的弹性钢环安装在滚刀轴的卡槽里焊接成一个完整的圆环，使刀圈相对于刀体轴向固定[81]。

刀圈是全断面硬岩掘进机上最易损坏的部件。在刀盘巨大的推力和岩石脆硬性产生的剧烈冲击振动下工作，在磨砺性很强的岩石上滚动破岩，因此，刀圈必须要有很好的耐磨性和韧性以及较高的强度和硬度。

轴承一般采用加重型成对使用的圆锥滚子轴承，在两轴承间放置隔离环，起到对轴承轴向预紧的作用，以达到提高轴承刚度、承载能力和使用寿命的目的。

端盖安装在刀体两侧，它是滚刀运转的支承件和滚刀安装在刀盘上的连接件，其工作环境也十分恶劣。

2.2.2　盘形滚刀的失效形式分析

盘形滚刀的失效可以分为正常磨损和非正常磨损两类。

磨损是指刀圈的磨损量超过了规定值，一般是指刀圈刃口宽度超过了 20 mm，并且刃口的磨损应为均匀磨损，如图 2-8 所示[82]。

图 2-8　刀圈均匀磨损

正常磨损是刀具失效的主要形式，

在地质条件比较单一均匀的地层中常发生此类磨损。刀圈各个部位磨损较为均匀，消耗量基本一致。由于正常磨损而更换的盘形滚刀除刀圈不能使用外，其他部分均可正常使用。

非正常磨损主要有：刀圈偏磨、断裂崩刃、刀圈挡圈磨损或脱落、滚刀漏油、滚刀的多边形磨损等。具体情况如下：

(1) 刀圈偏磨

当盘形滚刀在强度较软的地层或泥土中工作时，盘形滚刀多发生偏磨。由于盘形滚刀的工作条件十分恶劣，滚刀不仅要随着刀盘公转，而且要绕其自身刀轴自转。由于使盘形滚刀转动的扭矩较高和泥土的堵塞，滚刀轴承不能转动，滚刀在工作面(隧道施工中刀作用岩石上的工作面)上不发生滚动，则刀圈某一区域受力磨损，如图 2-9 所示。如果没有及时发现滚刀偏磨，就会发生连带磨损，进而使周围滚刀承受载荷增大，加速了整个刀盘上的滚刀磨损。此外在黏土等一些较软的地层中，掘进机的工作人员没有控制好掘进参数，在土质没有得到改良的情况下，盘形滚刀被泥土包裹而不能转动，也会产生偏磨。

图 2-9　刀圈偏磨

(2) 刀圈断裂

在掘进过程中，由于突然变化的岩石种类和岩块大小或者是刀盘上其他部件脱落卡在滚刀和岩石之间，出现刀圈局部过载，产生集中力，导致滚刀刀圈径向开裂，从而发生刀圈断裂，如图 2-10 所示。造成刀圈断裂主要原因有：① 刀圈材质与所开挖的地质适应性较差，刀圈自身硬度会随着岩石强度的增高而增高，但其抗冲击性能力反而会下降，当发生振动时，刀圈易断裂；② 在掘进的过程中刀圈受热、温度升高，体积膨胀量大于刀体，使刀圈和刀体的配合减弱，这时刀圈相对刀体发生转动或者轴向的移动；③ 整个滚刀的装配质量较差，当刀圈与刀壳配合间隙较大时，刀具在破岩工作时内外温差较大会造成刀圈产生内应力；④ 刀具的冷却效果较差也会造成刀圈断裂，尤其是在黏土地层、岩石断裂带等地质情况下，刀具被淤泥堵塞或发生振动造成刀圈断裂；⑤ 刀圈制造工艺不合理或者质量较差会使刀圈内部产生缺陷，进而造成刀圈断裂。

（3）挡圈脱落

挡圈是由两个半圆环组成，挡圈先卡入刀体槽内，再通过焊接变为整环，在滚刀的轴向挡着刀圈，起到轴向约束作用。挡圈的作用是防止刀圈沿滚刀轴线方向发生平移或从滚刀轴上脱落，一旦挡圈发生了断裂、脱落或者严重磨损，挡圈将失去固定滚刀刀圈的功能，造成刀圈在刀体轴线方向左右滑动，甚至是直接脱落，将会加速刀圈和轴承的失效。若挡圈焊接不牢，或者是刀体中滚刀圈安装的牢固性不够，将致使滚刀在切割岩石过程中受到岩石冲击而松动，使刀圈出现摆动，造成挡圈受到破坏。挡圈的焊接口是一个薄弱环节，在掘进时由于岩渣的磨损和大块岩石的冲击，挡圈容易在焊口处断裂或脱落，引起刀圈位移，如图 2-11 所示。在焊接口上采用钢筋对挡圈进行搭焊，加强了挡圈承载强度，从而减少挡圈断裂和脱落现象。

图 2-10　刀圈断裂

图 2-11　挡圈脱落

（4）轴承损坏

轴承在滚刀的破岩过程中起着重要作用，它的损坏会引起刀圈产生弦磨，严重时还会使刀体磨损，使滚刀整体失效。轴承损坏的原因有两种：其一是其密封系统失效；其二是滚刀所受载荷过大。密封系统失效使润滑油外泄，导致渣土和水泥浆进入轴承，使其无法正常工作。密封系统的质量与其承受压力和耐高温能力相关，一般来说盘形滚刀的密封系统其所能承受的最高温度不应超过 80 ℃。

（5）漏油

漏油是常见的非正常损坏形式之一。造成漏油的主要原因是在掘进过程中地质条件发生急剧变化，造成部分滚刀过载，轴承破坏，渣土等杂质进入密封润滑面。正滚刀的漏油现象大多由其密封系统损坏引起的，而边滚刀的漏油多由轴承遭到破坏引起。当滚刀发生漏油时，一般常伴随有特殊的气味，这种形式的失效较容易被发觉。此外，滚刀各零部件的制造质量，滚刀的装配质量，滚刀的使用工况和地质状况等都会对滚刀漏油产生影响。

(6) 螺栓的松动或断裂

滚刀由螺栓固定在刀盘上，在这些螺栓中，若其中一根略有松动就会破坏该把滚刀的稳定性，在工作时易产生振动，造成其他螺栓松动进而发生断裂。以上情况产生的原因主要是：在安装过程中，由垫块支撑刀具上的两个托架。刀架的外圆锥面必须与刀盘的楔形垫块内圆锥面接触定位，若接触不良，在两个面之间就会存在间隙，导致刀具安装不稳定，在外力的作用下螺栓就易松动和断裂。此外，还有螺栓断裂、螺纹损伤严重及由于操作原因没有使所有螺栓达到规定预紧扭矩所致。

(7) 刀圈弦磨和多边形磨损

滚刀轴承损坏会导致刀圈弦磨，刀圈弦磨是指因某种原因导致刀体卡死，滚刀轴承及刀圈不发生转动，滚刀破岩时刀圈与岩石直接发生接触摩擦，造成刀圈外表面某一处发生严重磨损的现象，如图 2-12 所示，其发生的主要原因就是轴承的损坏。刀圈弦磨还会引起刀体的磨损，这会对滚刀的其他部件造成损坏。刀具密封失效导致润滑油泄漏，以及水、渣土或者水泥渗入轴承，使其磨损加剧。据统计，70%刀具损坏是由刀具密封失效造成的。

滚刀在破岩时是间歇式的转动，就会产生多边形磨损，如图 2-13 所示。如果有金属或其他坚硬物对刀圈的表面造成了损坏，在该处就会形成表面缺陷。此外，若刀盘推力过大或者刀圈在强度较高的岩石上滚动时，也可能出现此类现象。边缘滚刀和正面区的滚刀易产生多边磨损。

图 2-12　刀圈弦磨

图 2-13　多边形磨损

在掘进过程中，滚刀会受到各种因素的影响，这些因素可能是导致滚刀失效的主要原因，如表 2-1 所示[83]为我国某隧道掘进工作中掘进机换刀统计分析表。从表中看出：掘进机的正滚刀失效，主要包括磨损、调整、漏油、偏磨、刀圈断裂崩刃、刀圈位移、紧固螺栓断裂等；造成边滚刀和中心滚刀磨损的主要原因包括磨损、调整、漏油、偏磨等。数据表明，磨损失效占总失效的比例最大，磨损在正滚刀的失效中占 82.7%，在边滚刀的失效中 60.7%，在中心滚刀的失效中占 62.9%。磨损失效是滚刀失效的主要形式，也是刀具系统失效的主要形式。而磨损失效主要是由滚刀在正常工作下受力、变形导致的。

表 2-1　我国某隧道全断面掘进机施工换刀分类统计

种类	换刀数量	换刀原因							
		磨损	调整	漏油	偏磨	刀圈断裂崩刃	刀圈移位	螺栓断裂	其他
正滚刀	1949	1612	176	43	53	27	18	7	43
边滚刀	229	139	8	48	24	9	—	1	—
中心滚刀	89	56	7	5	20	—	—	—	1
合计	2267	1807	191	96	97	36	18	8	14

影响滚刀磨损的因素有很多，除了与滚刀自身结构有关外，还与地质状况、刀盘刀具的组合、刀间距、施工技术、工程设计等有关。其具体情况如下：

(1) 滚刀结构因素

滚刀的材料、制造工艺与盘形滚刀的磨损有着密切关系。组成滚刀的各个部件的质量都会对滚刀的磨损情况产生很大影响[84]。滚刀装配扭矩，滚刀直径，滚刀设计最大压力这些设计参数和装配工艺等都与盘形滚刀的磨损密切相关。

(2) 地质因素

盘形滚刀失效与硬岩掘进机所工作的地质情况有关，如岩层的强度、研磨性、岩石本身的节理、裂隙程度、岩体的类型、地质状况的均匀程度等。一般来说，岩石的节理和裂隙越大，滚刀越容易使其破碎，刀具的磨损程度也会越小；反之，岩层均匀程度越差，其性质变化异常，滚刀越容易产生不均匀磨损的现象[85]。

(3) 刀盘因素

硬岩掘进机刀盘上安装有几十把盘形滚刀，刀盘自身的强度、刚度、开口率等参数都关系到滚刀的磨损情况。滚刀在刀盘上的布置方式，相邻两把滚刀的刀间距也是影响滚刀磨损情况的重要原因之一。滚刀在刀盘上的安装位置不一样，其工作时的线速度也就不一样，在掘进长度一定时，位置不同的滚刀内走过的距离不同，滚刀磨损的程度也会不尽相同。

(4) 施工控制因素

施工控制因素主要有:施工隧道埋深、岩石自稳性、切削环境、工程设计因素等。尤其在遇到复合岩层的切削环境,滚刀的磨损就会更多。在施工过程中,前方的岩层稳定情况、能否出现岩爆、工作面内岩层水分含量、掘进机刀具系统自身温度和所注入泥浆及冷却剂的参数和性能等,这些都会关系到滚刀磨损情况[86]。

为更好地研究滚刀对岩石的适应性,这里详细对地质因素进行分析。滚刀磨损的速度与岩石的强度、研磨性成正比。裂纹易向四周扩展且裂纹扩展度较大的岩石更易发生破碎,滚刀切割这类岩石时产生的磨损也相对较小。掘进机在地质不均匀的隧道进行施工时,由于岩石特性变化较大,导致滚刀切割受力不均,由此产生的高振动、高强度因素对滚刀的非正常磨损影响很大,在某些情况下甚至还会对刀盘造成损坏,同时,矿物种类也对滚刀磨损有很大影响。岩石在发生破碎时,多数情况下矿物质颗粒本身并不破碎,这些矿物质颗粒会附着在刀具上,对其产生磨损。矿物质颗粒的强度越高,对刀具的磨损作用也越大,造岩矿物与岩石研磨性的关系如表 2-2 所示[87]。一般而言,滚刀的研磨性与岩石中石英含量呈正比。

表 2-2　造岩矿物与研磨性关系

岩石种类	石英含量/%	单位时间磨损量/(10^{-7} m^3/s)
砂质灰岩	19.9	0.5
铁石英岩	11.7	1.5
长石砂岩	10.1～11	5.1
花岗岩	6.9	6.1
石英砂质岩	5.5	10.2

2.3　全断面硬岩掘进机刀盘系统

全断面硬岩掘进机的刀盘处于掘进机最前沿,与岩石直接作用,主要有三大功能。首先是掘进机在施工时,刀盘旋转带动刀盘上的刀具对工作面的地层进行开挖;其次是支撑工作面进行保持其稳定性;第三是对土仓内的渣土进行搅拌,使渣土达到一定的塑性[88]。

2.3.1　盘形滚刀在刀盘上的分布

（1）刀盘的剖分形式

盘体剖分形式是刀盘结构设计的一项重要内容，刀盘体的剖分形式主要考虑制造、运输和装配的工艺性要求。一般随着刀盘直径的增大，刀盘多采用分体结构，进行分块加工制造和运输，并在现场组对焊接。目前国内外刀盘主要的剖分形式如图 2-14 所示[89]。

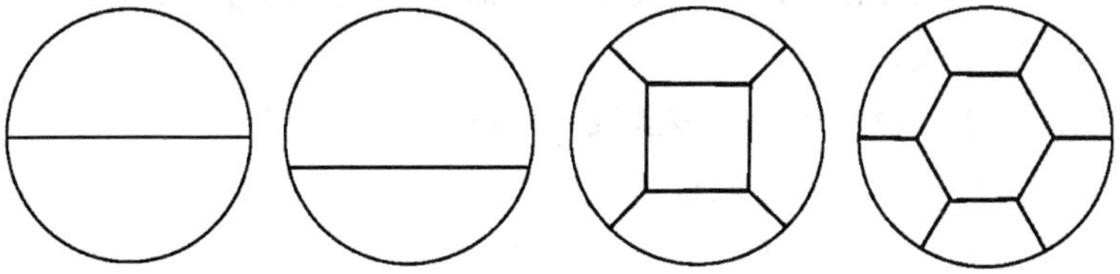

(a) 中心对称式　(b) 偏心对称式　(c) 中方五分式　(d) 中六角七分式

图 2-14　刀盘的剖分形式

（2）盘形滚刀的布置方法

目前，全断面硬岩掘进机生产厂家设计的刀盘针对地质条件和设计理念的不同，其样式也是不尽相同，可以说每个全断面硬岩掘进机的盘形滚刀的布置形式都不同。盘形滚刀在刀盘上平面布置主要有螺旋形、米字形或者随机布置模式，如图 2-15 所示[90]。

图 2-15　滚刀布置方法

（3）盘形滚刀在刀盘不同区域内的工作特点

根据刀盘上各区域工作特性，可将刀盘划分为中心区、正面区和边缘区三个部分。在布置刀具时，一定要充分考虑各个区域内刀具的工作特点[91]。

中心区是刀盘的中心部分。在该区域内的滚刀受力较大，而且中心区空间小、转弯半径小，运动形式以滑动为主。在尺寸较小的刀盘上常安装有单支点中心刀，而尺寸较大的刀盘通常安装相同规格的盘形正滚刀。中心滚刀通常是成组安装，有两个一组、三个一组和六个一组不等。

正面区处于中心区和边缘区之间。在该区域内的滚刀工作时刀刃垂直于待开挖的岩石表面，随刀盘转动时有一定的转弯半径，运动形式主要是滚动。纯滚动的运动形式无论是对滚刀轴承的寿命还是刀圈的寿命都有所保障，该区域内的滚刀寿命较长。

边缘区位于刀盘的边沿。该区域内的滚刀不但承担较大的破岩量，而且滚刀的受力状况较其他两个区域也更为复杂。为达到开挖直径的设计要求，刀具的布置数量需要更多。为了提高使用寿命，还须对该区域内滚刀的刀圈形状和刀刃进行特殊处理。

2.3.2 全断面硬岩掘进机刀盘失效分析

(1) 刀盘失效判断

正常工作时，刀盘推进速度和所受扭矩在一定范围内保持稳定，不会出现较大的波动，也不应出现较强的振动或者发出异常的响声。在排除了滚刀严重损坏或地层坍塌的情况下，刀盘扭矩突然出现了大幅剧烈变化，同时推进速度明显下降，并伴有来自刀盘方向的周期性振动和响声，此时须检查刀盘是否出现失效情况。

(2) 刀盘的失效形式

在黏土地层中掘进时，形成泥饼和泡沫口堵塞是刀盘失效的主要原因。在硬岩地层中掘进时，刀盘局部开裂和整体断裂是刀盘常见的失效形式。此外，刀具的过度磨损也是导致刀盘失效的原因之一[92-93]。

在工程实际中刀盘的强度破坏主要有：刀盘整体开裂、连接法兰处与刀盘支腿的焊接处开裂及刀盘外沿等处的开裂。

硬岩掘进机刀盘与其驱动装置是通过连接法兰作为连接部件的，在对岩石进行破碎时，起到传递推进力和扭矩的作用。由于刀盘与连接法兰支腿之间采用焊接的连接方式，故会在焊缝处产生残余内应力，当掘进机破岩时会产生巨大的推力和扭矩，在焊缝处又会引起应力集中现象，故该处焊缝极易开裂。对于尺寸较大的刀盘，在运往施工现场前需要拆分，到了现场后再对刀盘进行重新组装，刀盘各部分通过焊接或螺栓连接起来，这不但会破坏整个刀盘的结构，而且重新组装后的刀盘，其结构、刚度和平整度都会受到不同程度的影响。刀盘的局部开裂除了出现在焊接和螺栓连接的部位以外，在刀盘形状发生突变的位置也会发生此类现象，这是由于刀盘在承载时此处形状的突变引起了应力集中造成的。在黏土层中施工时，刀盘上形成泥饼是其失效的主要原因[94]。

滚刀磨损也会导致刀盘失效。刀盘系统在正常工作时，分布在刀盘上的滚刀对刀座和刀盘面板都有保护作用，避免了它们与前方岩体直接接触而产生磨损。当滚刀磨损严重而无法起到屏障作用时，刀座和刀盘面板就会与岩体直接接触，由于它们的材质远不及滚刀的材质，耐磨性较差，会造成严重的磨损或损坏。

2.4　本章小结

本章首先对支撑式全断面硬岩掘进机、护盾式全断面硬岩掘进机的工作原理以及它们所适用的地质类型进行了介绍，同时分析了不同类型掘进机的选型依据。

其次，阐述了硬岩掘进机设备组成及其功能，重点阐述了硬岩掘进机关键部件——刀盘刀具系统。介绍了滚刀的组成结构，破岩机理及其主要的失效形式，同时提出了预防滚刀失效的措施。刀盘的结构对掘进机的破岩效率有重要影响，滚刀是刀盘中的重要部件，其布置方式极为关键，有效合理地布置滚刀在刀盘上的位置可有效地减少滚刀磨损量，降低掘进成本。

本章节的内容为后续掘进机刀具系统理论分析和实验研究提供了基础。

第3章　集成化双滚刀硬岩掘进综合实验台研究

3.1　双滚刀实验台的需求分析

3.1.1　实验台研制的必要性

研制模拟实验机是掌握全断面掘进机尤其是刀具系统关键技术的有效手段。首先在现阶段，现场实验会付出很大经济代价和承担较大安全风险，因此，无法通过实际施工进行关键技术的研究。其次，现有数学和力学模型无法准确地描述工程地质条件的多样性。面对着灵活的施工方式和复杂的技术参数，通过反复开展实验验证是研究全断面掘进机刀具系统关键部件优化的有效途径和重要手段。

国内外很多高校和科研院所都认识到了通过实验手段来验证掘进机刀具系统性能的重要性，由此掘进机刀具系统实验台的研发成了掘进机技术主要发展方向之一。在实验室研究中，主要的实验方法包括三类[95]：第一类主要研究分析掘进机掘进过程中所引发的地层移动场持续改变的实验模拟平台；第二类研究分析掘进过程施工情况的实验模拟平台；第三类是部件的研究测试设备，主要用来实验测试实时掘进性能。目前，已有美国科罗拉多大学、我国的中南大学、天津大学和韩国首尔大学研制了应用于掘进机滚刀的实验装置，主要用来简单测试单滚刀受力[96]。

笔者总结已有全断面硬岩掘进机实验台，发现有如下问题：首先是实验用刀具调整困难且抗干扰能力差，部件易损坏；其次是不能实现两把滚刀同时工作，难以完成滚刀间距实验；最后是滚压速度过低，与实际工况有一定差距。据调查，现有的掘进机刀具系统实验台只能对单滚刀破岩过程中滚刀受力及磨损机理进行初步研究，所检测和改变的实验参数也比较单一。对刀间距、滚压速度及贯入度等重要施工参数对刀具破岩影响的研究无从下手，无法通过现有的实验设备真实模拟滚刀破岩状态和受力特征。因此，研制新的滚刀综合实验台用于模拟掘进机滚刀破岩真实过程和开展刀具系统的实验研究十分必要。

3.1.2　实验台系统功能需求

全断面掘进机刀具系统主要由刀盘和滚刀组成。破岩过程中，刀盘的转速、刀盘的推进速度、滚刀在刀盘上的布置方式、滚刀之间的距离、滚刀的耐磨性能、滚刀对岩石的适应性等因素都会影响全断面硬岩掘进机的破岩效率和刀具系统的寿命。并且，在全断面硬岩掘进机刀具系统实际破岩过程中，以上因素之间还相互制约和相互影响，彼此之间还存在一定的耦合关系。因此，为了更好地利用实验手段研究刀具系统的关键技术，需研制一台能够满足上述多种实验要求，且集理论分析、工程实验、仿真分析为一体的集成化掘进机综合实验台，即集成化双滚刀硬岩掘进综合实验台(以下简称双滚刀实验台)。

双滚刀实验台的实验功能要实现目标为：第一，可同时进行两把滚刀对岩石的顺次切割滚压实验；第二，可模拟刀盘不同贯入度切割岩石过程；第三，可模拟刀盘不同转速破岩过程；第四，可进行刀具、岩石材料的耐磨实验；第五，可以进行不同尺寸滚刀的实验；第六，可以进行不同刀间距和相位角的破岩实验。基于以上实验台要实现的功能，其应具有的结构及控制功能模块主要包括：为实现双滚刀顺次切割及不同刀间距破岩特性的研究，实验台应具有刀架调整功能，可按实验要求调整两把滚刀之间的距离与顺次切割位置关系；为实现模拟刀盘不同贯入度切割破岩过程，实验台应具有准确控制及检测滚刀位移功能，可准确获得滚刀深入岩石表面以下的深度与距离；为实现模拟刀盘不同转速破岩，即实现滚刀不同滚压线速度破岩过程，要求实验台具有能够控制滚刀滚压速度的功能；为实现不同此次滚刀实验，要求实验台刀架可与一定尺寸范围内的不同型号滚刀相互配装；为实现刀具、岩石材料耐磨实验，要求实验台滚刀可实现对岩石的往返切割与精确切割控制。书中后续关于实验台结构与控制系统的设计均以完成上述功能模块为主要目的。

此外，综合实验台是集理论分析、工程实验、仿真分析为一体，包括数据检测系统、刀具实验系统、智能控制系统、仿真实验系统。数据检测系统主要功能为检测刀具系统的压力、速度以及数据处理、数据滤波等；数据检测系统能够精准检测刀具实验系统和工程实验系统数据，并为智能控制系统提供数据反馈。刀具实验系统主要功能为进行刀具失效分析、刀具液压系统的建模、刀具对岩石的适应性分析、刀盘模态分析等；刀具实验系统获得的实验数据可为工程实验系统提供数据基础，同时可对仿真实验系统数据进行验证。工程实验系统主要功能为工程岩石破碎过程分析、刀具对地质的适应性分析等；工程实验系统基于刀具实验系统与仿真实验系统的数据能最真实地模拟掘进机实际施工过程，为实际施工参数设定提供技术支持。智能控制系统主要功能为可进行各种控制策略研究，包括：PID控制、模糊控制、模糊神经网络预测控制等；智能控制系统为综合实验台提供整体控制，同时为各个模块之间的相互协作提供精确控制。仿真实验系统主要功能为开发系统仿真软件，可以进行刀具的建模与仿真、压力与速度的仿真分析、不同控制策略的仿真分析、刀具受力的仿真分析等；仿真实验系统科依据刀具实验系统与工程实验系统的相关数据进行二次仿真与优化分析。双滚刀实验平台各功能如图 3-1 所示。下面两个章节将对集成化双滚刀硬岩掘进综合实验台的结构设计和控制系统作详细介绍。

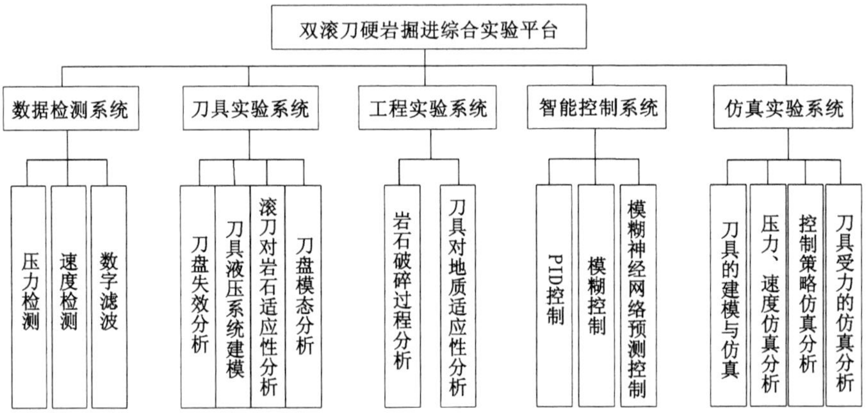

图 3-1　综合实验台系统功能图

3.2　双滚刀实验台结构设计与分析

为实现上述的实验功能，首先进行实验台结构研究和分析。其结构组成主要包括底座、试件工作台、滚刀、工作台顶盖、立柱、工作台液压系统、刀具液压系统等七部分。其各部分功能如下：

工作台承载试件台与样岩，在液压缸作用下以调定速度进行移动，实现滚刀对岩石的被动切割。其移动速度不同可模拟不同滚压速度破岩过程。

试件台直接承载待切割样岩。工件与样岩结合面为 V 形面，保证实验过程中样岩的稳定性。另外，通过丝杠传动可实现其在工作台位置上的调整，对滚刀切割样岩位置起到辅助调节作用。

刀具系统包括刀盘底座和刀座系统。刀盘底座起到固定刀具系统作用，提供稳定的滚刀破岩环境。刀座分别为两把滚刀刀座，通过调节刀座在刀盘底座上的位置可实现不同刀间距的变化。另外，还可以更换刀座上滚刀型号与尺寸，进行不同型号、尺寸滚刀破岩实验。

支撑框架及顶梁起到固定与支撑实验台，缓解实验过程各部件产生的振动与冲击，提供稳定实验环境的作用。

设计的实验台整体结构如图 3-2 所示，并设定 X、Y、Z 三个矢量方向，其中，X 向称为水平方向，Y 向称为横向方向、Z 向称为纵向方向。实验台滚刀包含两把滚刀，两把滚刀通过其刀座、紧锁装置进行调整，设定的调整范围分别为：10～150 mm 和 0～500 mm，可实现实验台对岩石大范围和不同位置切割。其余各部分的设计内容、具体功能及作用会在后面章节进行详细介绍。

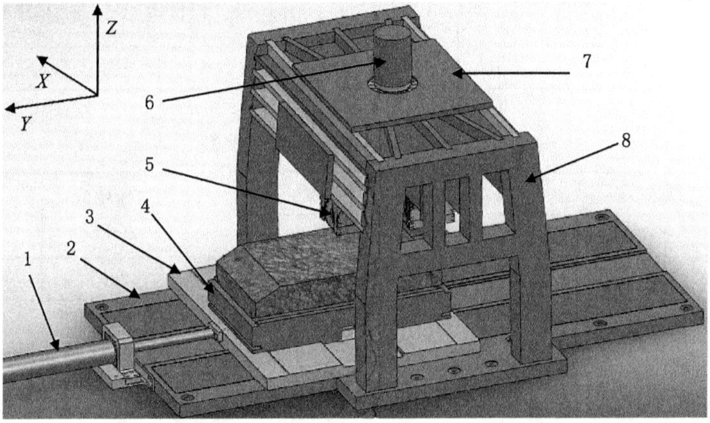

1—工作台液压系统；2—底座；3—工作台；4—试件台；
5—滚刀；6—刀具液压系统；7—顶梁；8—立柱

图 3-2　双滚刀实验台整体模型

实验台整体工作过程主要分为三个阶段。第一个阶段是将移动工作台移出设备框架至始发位置，将岩样固定在移动工作台上，此时岩样与滚刀在横向存在一定距离，通过丝杠推动工作台沿水平移动，使滚刀位于适当的切割位置，然后进行位置固定；第二个阶段是启动纵向液压缸调整滚刀在垂直方向的位置，使滚刀刃在岩样表面以下数毫米处，即滚刀的切削深度达到设定值，调整两把滚刀的距离;第三个阶段是启动液压缸拉动移动工作台带动岩样运动,使滚刀从岩石外侧加速后切入岩石,直至完成切割,在另一端滚刀与岩石分离,实现滚刀对岩石的被动切割,并记录相关实验数据进行分析。

以下内容对双滚刀实验台关键部件的结构设计与分析进行重点阐述,提出了关键部件的设计需求,并通过 ANSYS 软件对所设计的关键部件进行计算和仿真。关键部件主要有工作台、试件台、刀具系统。

本章仿真均基于 ANSYS 有限元静力学仿真与分析。仿真过程中定义双滚刀实验台整机及关键部件的单元类型为 3D 实体单元模型,同时给实体单元分配默认属性,为了准确求解,对实体单元的几何特征进行补充。另外,按照灰铸铁 HT200 和 16Mn 钢的材料参数属性如表 3-1 和表 3-2 所示,在 Material Models Defined 中定义材料属性。

表 3-1　灰铸铁 HT200 物理性能参数

最低抗拉强度 /MPa	弹性模量 /MPa	剪切模量 /MPa	泊松比	线膨胀系数 K
200	$1.13\sim1.57\times10^{5}$	0.45×10^{5}	$0.23\sim0.27$	$8.5\sim11.6\times10^{-6}$

表 3-2　16Mn 钢物理性能参数

屈服强度		抗拉强度		弹性模量 /GPa	伸长率 /min
MPa	kg/mm²	MPa	kg/mm²		
289	29.5	413	42.1	206	22

有限元静力学仿真生成具有边界条件的实体模型以后,按照自适应网格划分方式对实体进行网格划分,然后重新定义网格大小,再次分析计算,并对产生应力、应变的接触部位进行局部网格细化,提高仿真精度。加载过程中对实验台整机底面节点进行位移全约束设置,同时对关键部件非有限元分析区域进行节点自由接触位移约束设置。

3.2.1　工作台的设计

刀具破岩实验过程中,滚刀对岩石样本应进行快速和稳定地被动切割,为满足此要求,工作台的设计如图 3-3 所示。此工作台采用 16Mn 钢板切制,基本尺寸为 2 000 mm×1 720 mm,厚度达到 150 mm,钢板总重 4.1 t,成品质量 3.07 t,加工余量 930 kg。底部有 590 mm×1 720 mm 滑动导轨面,采用刮研处理。上表面刮研与工件台配合的导轨面，一端加工与横向液压杆配合的连接法兰，上表面有试件台的定位凹槽和电机座、轴承座定位槽。

滑动导轨面底部、刮研导轨面与底座横向滑动导轨面采用聚四氟乙烯(PTFE)合成，并且在其表面各开 10 mm×10 mm S 形润滑油沟，使滑动摩擦系数降低至 0.04，最大滑动摩擦力估算为 $F=45$ kN。工作台的进给精度测量采用液压缸内置 BTL 微脉冲位移传感器(图 3-4)，位置检测精度可达 0.004 mm，速度检测精度为±0.01 mm/s。

图 3-3　工作台结构图

图 3-4　BTL 脉冲位移传感器

液压系统通过液压缸带动工作台对岩石样本进行被动切割实验，盘形滚刀与岩石接触时会对工作台产生很大的冲击载荷。经过有限元分析，工作台受到的最大应力为 8.249 MPa，小于工作台材料的许用应力，满足要求，如图 3-5 所示。工作台受到的最大变形量为 0.028 1 mm，小于设计要求的最大变形量，如图 3-6 所示。

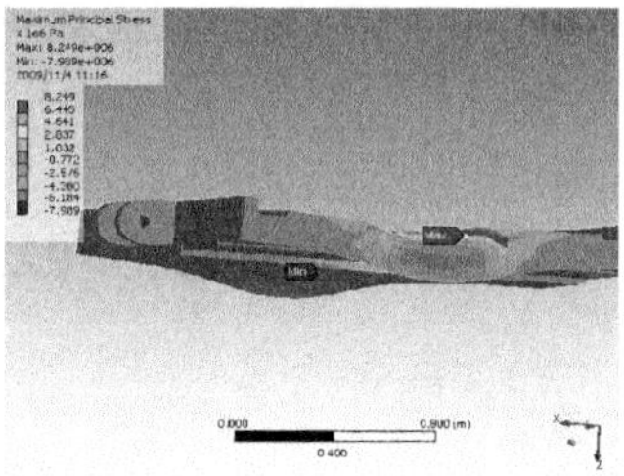

图 3-5　工作台应力分布图

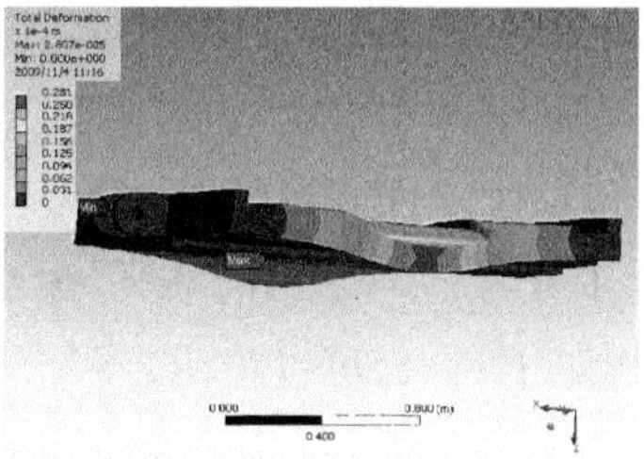

图 3-6　工作台应变分布图

3.2.2　试件台的设计

(1) 试件台结构及功能设计

试件台是直接承载被切割岩石样本的关键部件。实验过程中要求滚刀切割时，试件台应稳定承载岩石样本，以免岩石样本发生移动或侧翻，影响实验效果。因此设计的试件台应具有固定岩石样本、降低振动的作用。本章所设计的试件台采用 HT200 铸造，结构如图 3-7、图 3-8 所示。为有效防止侧滑，工件结合面为 V 形面，V 形锥度为 1 ∶ 7，高度为 120 mm，两侧高挡板厚度为 100 mm。底部导轨采用刮研处理，与工作台导轨配合。

图 3-7　试件台结构图

图 3-8　试件台 CAD 模型图

试件台水平移动采用北狄洛 BSHB31122 步进电机驱动，输出扭矩为 20 N · m，功率 3 kW。开环控制步距 1.2°，传动丝杠为滑动丝杠并带自锁功能，螺距 $P=14$ mm，开环控制精度可达到 0.05 mm。丝杠具有自锁功能，一端采用固定结构，另一端采用游走结构。采用一对 51210 推力轴承与一对 7210AC 角接触球轴承面对面安装，轴承组可承受单向压力 112 kN。工件台锁紧时，除丝杠自锁外，另在工件台两端加摩擦压板，通过 4 个 M36 双头螺柱与工作台相连，保证锁紧。工件台设计承受纵向最大正压力 100 kN，横向冲击载荷 300 kN，水平冲击载荷 100 kN。

(2) 传动丝杠强度设计及核算

拟定工作载荷 $F=100$ kN，螺纹类型为梯形螺纹，初选螺杆大径 $d=60$ mm、螺距 $P=14$，可以得出：

螺杆中径 $d_2=53$ mm、小径 $d_3=44$ mm。

当量摩擦角为

$$y^*(k+1)\approx y(k+1) \tag{3-1}$$

其中摩擦系数 $f=0.11\sim0.17$；牙形半角 $\beta=15°$，所以求得 $\tan\rho=0.1139$；$P\leqslant\pi d\tan\rho=3.14\times60\times0.1139=21.46$，能够达到丝杠的自锁要求。

由 $H=\varphi d_2=(1.2-2.5)\times 53=(63.6-132.5)$ mm，此初选 $H=120$，所以旋合圈数 $n=H/P=120/14=8.57<10$，螺距选取合适。

（a）耐磨性校核

由螺旋副压强公式：

$$P=\frac{F}{\pi d_2 Hn}=\frac{100\ 000}{3.14\times 53\times 120\times 8.57} \tag{3-2}$$

计算可得 $P=0.58\leqslant[p]=3.8-6.5$，满足耐磨性要求。

（b）螺杆强度校核

由当量应力公式：

$$\sigma_d=\sqrt{\left(\frac{4F}{\pi d_3^2}\right)^2+3\left(\frac{T}{0.2d_3^2}\right)^2}=\frac{400\ 000}{3.14\times 44^2}=65\ (\mathrm{MPa}) \tag{3-3}$$

得 $\sigma_d=65$ MPa$<(0.2-0.33)\sigma_s$，其中 $\sigma_s=440\sim500$ MPa，所以符合强度要求。

（c）螺母螺牙强度校核

螺牙根部宽度为：$b=0.55P=0.55\times 14=7.7$ mm，$[\sigma]=(0.2-0.33)\sigma_s$

① 牙切应力 τ：

螺杆牙切应力为：

$$\tau_1=\frac{F}{\pi d_3 bn}=\frac{100\ 000}{3.14\times 44\times 7.7\times 8.57}=11\ (\mathrm{MPa})<0.6[\sigma] \tag{3-4}$$

螺母牙切应力为：

$$\tau_2=\frac{F}{\pi D_4 bn}=\frac{100\ 000}{3.14\times 60\times 7.7\times 8.57}=8\ (\mathrm{MPa})<0.6[\sigma] \tag{3-5}$$

② 牙弯曲应力 σ_b：

螺杆牙弯曲应力为：

$$\sigma_{b1}=\frac{3F(d-d_2)}{\pi d_3 b^2 n}=\frac{300\ 000\times 7}{3.14\times 44\times 7.7^2\times 8.57}=30\ (\mathrm{MPa})<[\sigma_b] \tag{3-6}$$

螺母牙弯曲应力为：

$$\sigma_{b2}=\frac{3F(d-d_2)}{\pi D_4 b^2 n}=\frac{300\ 000\times 7}{3.14\times 60\times 7.7^2\times 8.57}=22\ (\mathrm{MPa})<[\sigma_b] \tag{3-7}$$

综上可得螺母螺牙强度符合要求。

3.2.3　刀具系统的设计

刀具系统主要包括刀盘底座、滚刀刀架、水平刀座及其滑移和锁紧装置、横向刀座及其滑移和锁紧装置，如图 3-9 所示。

(1) 刀盘底座

刀盘底座结构图如图 3-10 所示。底座包括底板、横向齿板、8 条 T 形槽压板和四侧镶钢导轨。其中底板采用 16Mn 钢板切制,钢板型号 1 040 mm×910 mm×120 mm,板质量 890 kg,成品质量 818 kg,切削余量 82 kg。齿板型号为 400 mm×400 mm×80 mm,板质量 100 kg,成品质量 33 kg,加工余量67 kg。底板背面 12 个 M24 连接螺栓与纵向液压拉杆连接盘配合。四面各安装 4 个镶钢滑块,与主框架上四侧镶钢导轨配合,以防止侧向载荷对液压推杆的冲击。

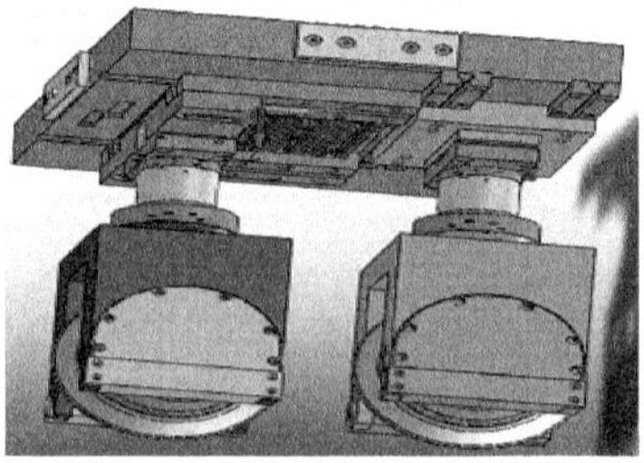

图 3-9 刀具系统

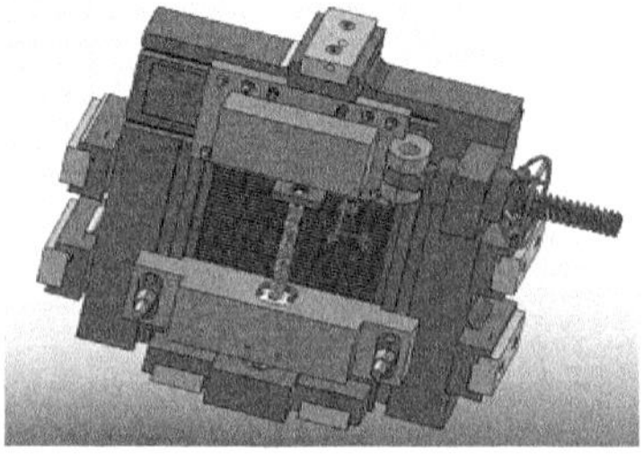

图 3-10 刀盘底座结构图

(2) 水平刀座及其滑移和锁紧装置

水平刀座及其滑移和锁紧装置结构如图 3-11 所示。刀座由 HT200 铸造而成,通过 12 个 M12T 型螺栓在刀盘 T 形槽中滑动,滑槽深度为 11 mm×400 mm,滑台尺寸 400 mm×250 mm×110 mm 其外侧有 8 个螺栓起锁紧作用,中间 4 个起限位作用。刀座的移动由步进电机通过齿轮副带动滚珠丝杠副的螺母旋转,从而驱动滑台移动。步进电机选择北狄洛 BSHB9310,输出扭矩为 9 N·m,齿轮模数为 3.5,传动比为 1∶2,小齿轮齿数 23。滚动丝杠副选择选定型号:SFV05020-4.8,直径 $d=50$ mm,导程 $P=10$,滚珠直径 $d_a=6.35$ mm,旋和圈数 $n=4.8$,额定静载荷 $F=140$ kN(防止摩擦锁紧力不够)。手轮带锁紧装置,滑台设计移动范围为 10～150 mm。水平滑台为半闭环结构,控制精度为 0.1 mm。

(3) 横向刀座及其滑移和锁紧装置

横向刀座及其滑移和锁紧装置结构如图 3-12 所示。刀座由 HT200 铸造,通过螺栓使其与刀盘底座的锯齿形螺牙锁紧,螺牙间距 $P=10$ mm,调整范围为 0～500 mm。刀座锯齿形螺牙强度螺牙剪切应力:

$$\tau=\frac{F}{Lbn}=8\ \text{MPa}<0.6[\sigma] \tag{3-8}$$

横向刀座滑台的移动由步进电机通过齿形带驱动螺旋丝杠副传动。电机选择北狄洛 BSHB9310，输出扭矩为 9 N·m，齿轮模数为 3，传动比为 1∶1，齿数 23。调整丝杠选定型号：SFV02510-2.7，直径 $d=25$ mm，导程 $P=10$，刀座为半闭环控制，精度为 0.05 mm。

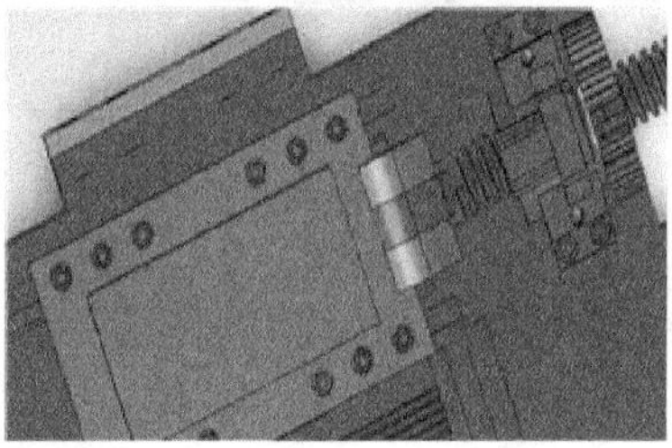

图 3-11　水平向刀座结构图

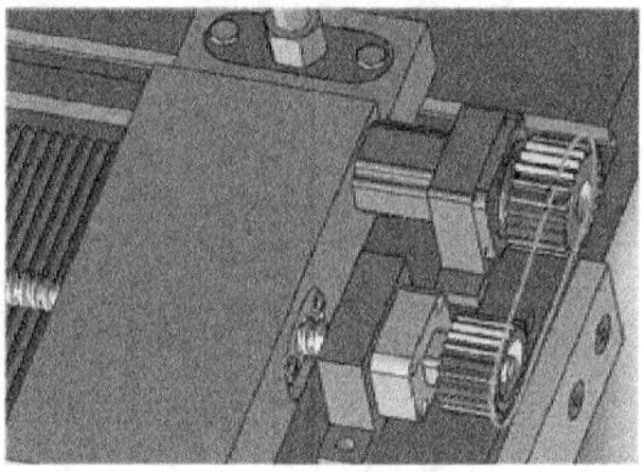

图 3-12　横向刀座结构图

(4) 滚刀刀架设计

滚刀刀架主要是起到支撑并固定滚刀的作用，保证滚刀在破岩过程中自由旋转的同时不会发生滚刀偏磨等意外情况。设计的滚刀刀架如图 3-13 所示，主要包括刀架底座、左右法兰和限位块等。为保证刀架法兰及螺栓组的可靠性，法兰内侧设计承重耳、侧面法兰，如图 3-13 所示，刀架有内外两个环面与刀座相接，以承受侧向冲击载荷。刀架底座采用 HT200 铸造，两侧加法兰和底部支撑法兰。刀架两侧分别使用 6 个 M16 与 4 个 M12 内六角螺栓与底座相连。

图 3-13　滚刀刀架结构图

在滚刀底部分别施加纵向载荷 500 kN、横向载荷 150 kN 和水平载荷 100 kN，得到滚刀刀架的应力分布图和变形图，如图 3-14 所示。经过 ANSYS

有限元分析，其最大应力为 73 MPa，刀架纵向最大位移为 0.06 mm。

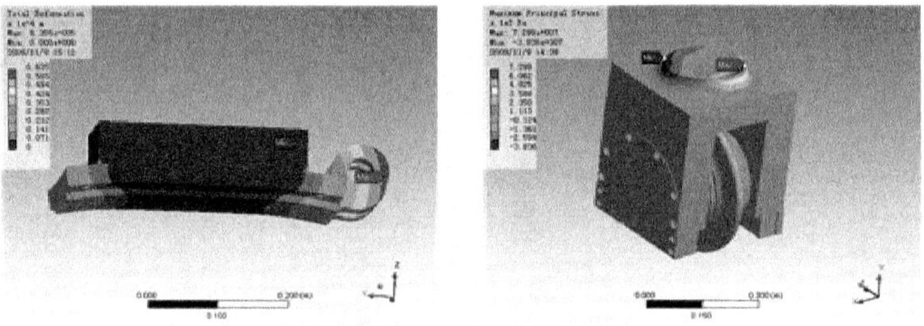

图 3-14　刀架应力分布及变形图

(5) 刀具系统整体受力分析

刀具系统整体受力分析如图 3-15 所示，在两把滚刀底部分别施加500 kN 正压力，150 kN 的横向冲击载荷和 100 kN 的水平冲击载荷。通过 ANSYS 有限元结果分析得出：最小安全系数为 0.2，出现在测力仪法兰上，该法兰结构需同测力仪协调后重新设计，该处最大位移为 0.2 mm。

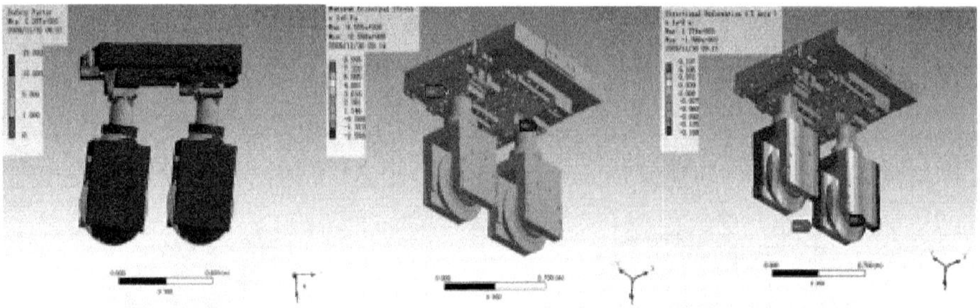

图 3-15　刀具系统整体应力分布及变形图

3.2.4　实验台支撑框架及顶梁

实验台支撑框架及顶梁具体包括实验台底座、实验台立柱及实验台顶梁三个关键部件。它们起到稳定实验台整体结构，并为滚刀破岩过程中其他部件的正常工作提供可靠保障。

(1) 底座

底座采用 16Mn 钢板，σ_s=275 MPa。钢板毛坯长 4 470 mm、宽2 700 mm、厚 140 mm，总重 13.2 t，如图 3-16 所示。两侧分别切除 1 515 mm×390 mm，

1 255 mm×390 mm 和 660 mm×250 mm 的钢板条。中间工作台凹槽刨除量为 28 mm×4 200 mm×400 mm，质量为 367 kg。

图 3-16　实验台底座结构图

对底座进行 ANSYS 有限元分析，其应力及变形图如图 3-17 所示。由图可得：最大应力为 33 MPa，最大位移为 0.08 mm，由分析可知设计满足要求。

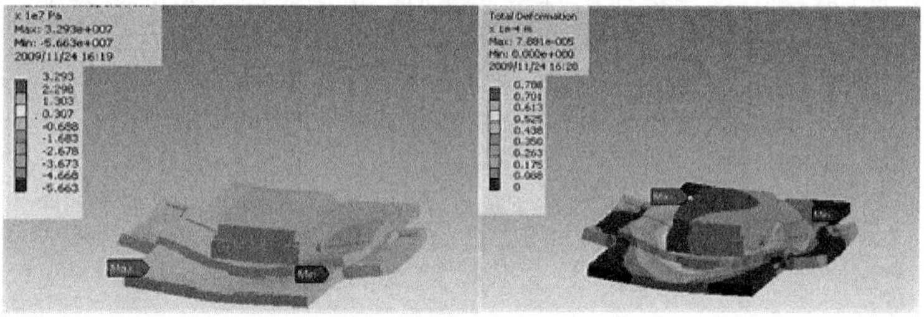

图 3-17　实验台底座应力及变形图

（2）立柱

实验台两侧立柱采用 16Mn 钢板，$\delta_s = 275$ MPa，如图 3-18 所示。钢板宽 1 500 mm、厚 200 mm、高 2 022 mm，总质量 4.7 t，底部切除宽 1 000 mm、高 1 050 mm 钢板，切除后钢板质量 3.1 t。立柱底部与底座焊接在一起，焊接高度 50 mm，坡口 30 mm，小于 40°。顶部开前后主梁及顶梁定位焊接槽口，槽口深 50 mm，四周开焊接坡口。

（3）顶梁

顶梁采用 50 mm 厚钢板，与背后三条钢板成为一体，背面加焊一块 1 000 mm×400 mm的钢板，如图 3-19 所示。顶梁总质量约为 1 t，侧面与立柱通过 K 形焊接，背面加强筋 50 mm。横梁导轨面可承受 300 kN 冲击载荷。

图 3-18 实验台立柱与装配示意图

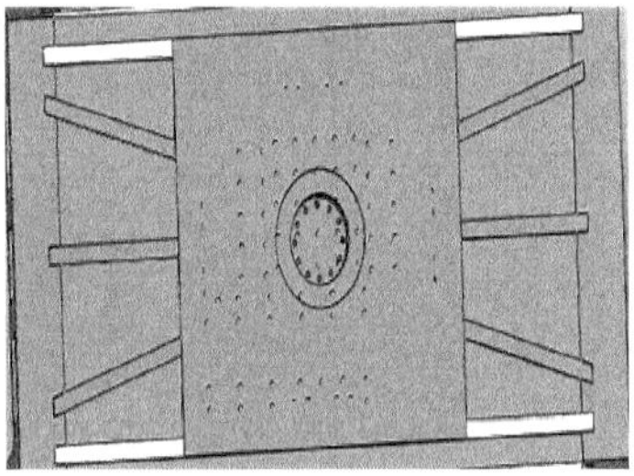

图 3-19 顶梁结构示意图

3.2.5 主体框架结构刚性分析

在实验台主体框架的液压缸顶部施加拉力 1 000 kN，并用 ANSYS 对其进行有限元仿真，结果如图 3-20 所示。由图可得：最低安全系数为 1.47，最大应力为 160 MPa（均出现在液压缸连接法兰处，可改进），最大位移为 1 mm，固有频率为 43.9 Hz。

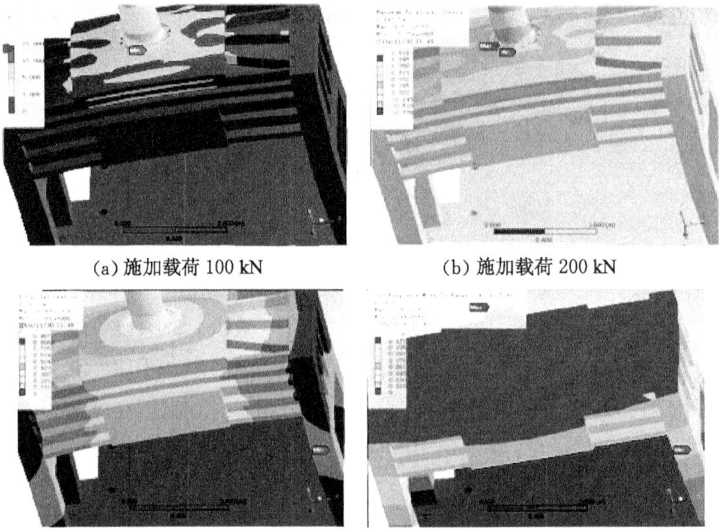

(a) 施加载荷 100 kN

(b) 施加载荷 200 kN

(c) 施加载荷 500 kN

(d) 施加载荷 1 000 kN

图 3-20 实验台整体结构分析图

3.2.6　整机有限元分析

图 3-21 为双滚刀实验台有限元分析模型图，双滚刀实验台主要受到纵向垂直载荷和横向冲击载荷的力。

图 3-22 为双滚刀实验台施加载荷和约束后的模型，试件到达岩石滚刀实验台后，两个滚刀都会受到纵向大小约为 500 kN 的力，滚刀还会受到横向大小约为 150 kN 的力。由于双滚刀实验台主要靠底座与地面进行支撑，所以在双滚刀实验台的底座与地面的接触面上要施加固定约束，限制全部自由度。

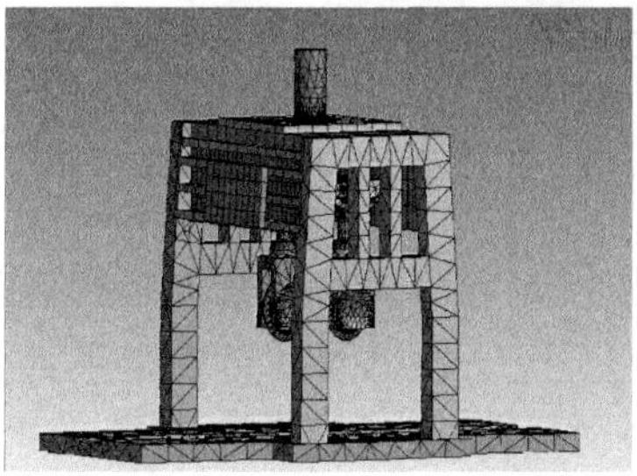

图 3-21　实验台网格划分模型

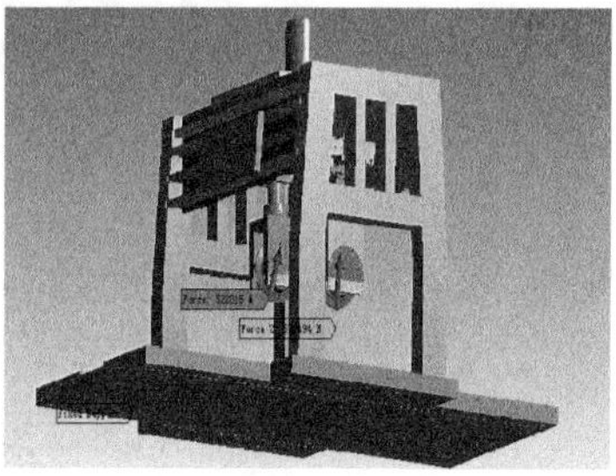

图 3-22　实验台施加载荷和约束后的模型

通过 ANSYS 有限元分析，得到了双滚刀实验台的应力分布图、安全系数图、变形图。双滚刀实验台模型的应力分布如图 3-23 所示。关键点的应力放大如图 3-24 所示，从模型上可以看出应力除了左法兰盘上的应力集中点外都小于材料的许用应力。左法兰上的最大应力为 837.7 MPa，超过了材料的许用应力 275 MPa。

图 3-23　模型的应力分布图

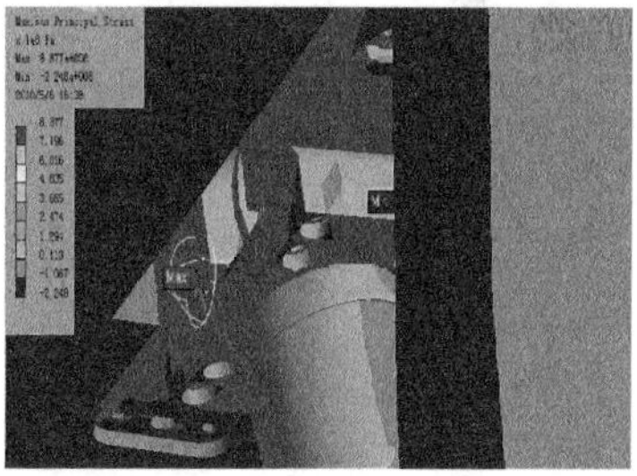

图 3-24　关键点的应力局部放大图

通过加凹槽和增大过渡圆角的方法来对左法兰盘进行优化设计。如

图 3-25 所示，优化后的左法兰盘最大应力为 150.9 MPa，小于材料的许用应力 275 MPa。结果表明加凹槽和增大过渡圆角的方法是用来降低法兰盘最大应力的可行方法。

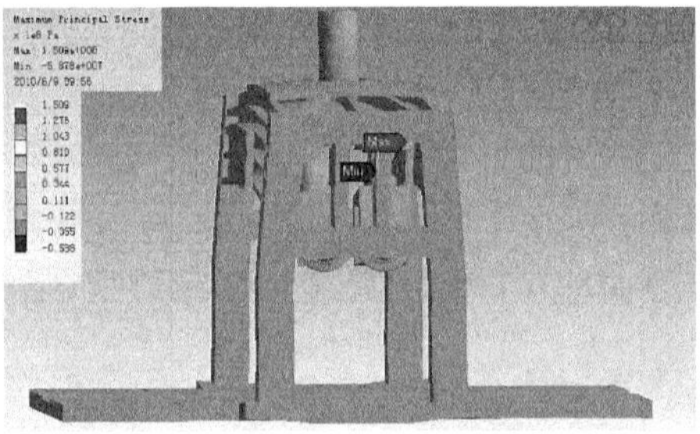

图 3-25　结构改进后最大应力图

图 3-26 为双滚刀实验台的安全系数分布图。双滚刀实验台的结构满足安全要求，安全系数的最小值出现在左法兰盘上，但是它仍然满足安全系数大于 4 的安全设计要求。图 3-27 为双滚刀实验台的纵向变形图，最大变形出现在左滚刀的刀座上，大于设计要求，变形和刚度均满足设计要求。

图 3-26　实验台安全系数图

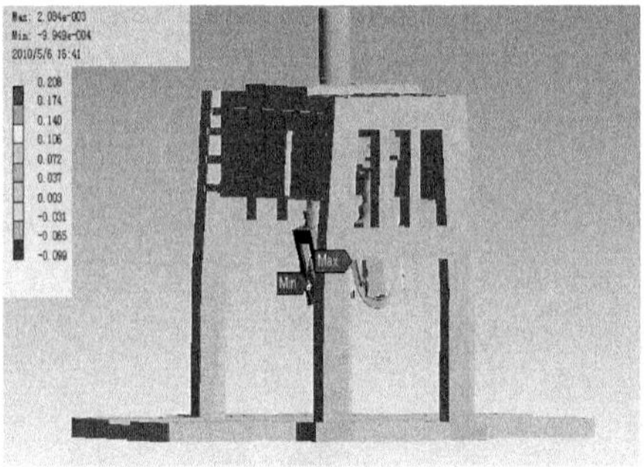

图 3-27　实验台纵向变形图

3.3　双滚刀实验台样机

3.3.1　双滚刀实验台样机结构

研制的双滚刀实验台样机如图 3-28 所示。其实际工作过程为：将移动工作台移出设备框架至始发位置，将岩样固定在移动工作台上。通过丝杠传动，推动工作台移动，使滚刀位于适当的切割位置，然后进行位置固定；启动液压缸调整滚刀在垂直方向的位置，使滚刀刀刃在岩样表面以下数毫米处，即滚刀的贯入度达到设定值，通过传动丝杠和刀座滑台调整两把滚刀的距离。启动液压缸拉动移动工作台带动岩样沿工作方向运动，使滚刀从岩石外侧加速后切入岩石，直至完成切割，滚刀在另一端与岩石分离，实现滚刀对岩石的被动切割，并检测相关实验数据和进行分析。

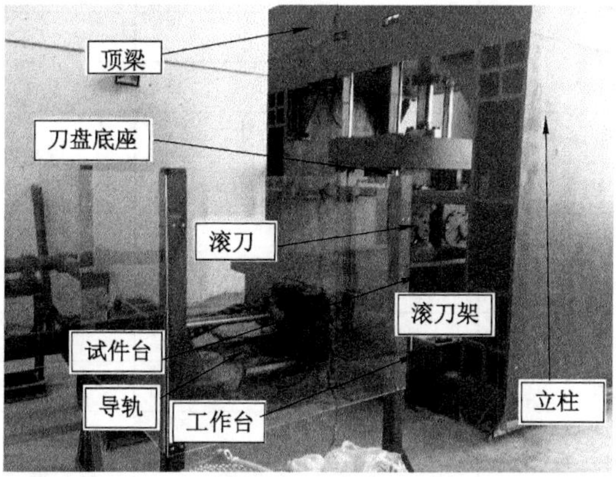

图 3-28　双滚刀硬岩综合实验样机

3.3.2　实验样机结构功能参数对比

经过设计分析及对样机的调试得出以下结论：

① 实验台总长 7 685 mm，宽 2 700 mm，高 2 502 mm。总体结构刚性为 1 000 kN/(1 + 0.2) mm = 833 kN/mm，总质量约为 30 t，电机总功率为 100 kW。

② 工作台行程为 2 400 mm。水平滚刀位置调整范围：10～150 mm，双锁紧；横向滚刀调整范围：300～500 mm，每间隔 10 mm 调整，锯齿锁紧。

③ 纵向正压力 1 000 kN，横向冲击载荷 300 kN 和 150 kN。零部件设计安全系数大于 4。

④ 实验滚刀直径：19 inch(482 mm)、17 inch(432 mm)和 14 inch(350 mm)三种。

⑤ 岩样尺寸：1 500 mm×800 mm×400 mm。

⑥ 框架纵向刚度大于 400 kN/mm；刀具水平距离可调范围 40～130 mm，横向分别为 200、300、400、500 mm。

表 3-3 为岩石滚刀综合实验机机械结构设计要求与实现指标功能参数对比。

表 3-3 实验机结构功能参数对比表

项目名称	设计要求	实现指标
整机刚性/(kN/mm)	400	625
总功率/kW	110	100
水平冲击载荷/kN		150
工件台水平调整/mm		±400
工件台最大移动速度/(m/s)		0.01
工作台位置控制精度/mm		开环控制精度±0.05
工作台侧向锁紧		丝杠与压板双锁紧
水平滚刀移动范围/mm	40～130	10～150
水平滚刀调整方式	手动	半自动、半闭环
水平滚刀侧向锁紧		机械与摩擦双锁紧
横向滚刀移动范围/mm	200、300、400、500	300～500，间隔 10 调整
水平滚刀调整方式	手动	半自动、半闭环
横向滚刀锁紧		锯齿锁紧

该实验台可以完全模拟实际滚刀破岩过程，实现了对刀具材料的耐磨实验、不同尺寸滚刀实验、不同切割速度破岩实验、两把滚刀顺次切割岩石滚压实验、不同刀间距破岩实验等多项功能的集成。该实验台也是目前国内较为先进的全断面硬岩掘进机双滚刀硬岩掘进实验综合平台。实验台的研制成功为开展全断面硬岩掘进机刀具系统的系统研究和指导实际施工提供了重要的支撑。

3.4 本章小结

本章依据所提出的滚刀实验设备需求分析，研制了一种全新的双滚刀硬岩掘进综合实验平台，该实验台主要应用于全断面硬岩掘进机滚刀破岩实验。同时，详细阐述了研制开发的掘进机综合实验台结构、功能及特点，并通过实验及工程实践验证了该实验平台的有效性。

所设计的双滚刀实验台，可模拟刀盘不同位置滚刀切割岩石过程，也能模拟刀盘不同转速破岩过程；可进行刀具材料的耐磨实验；进行不同尺寸滚刀的实验；进行不同刀间距和相位角的破岩实验，具有完全模拟掘进机现场破岩过程的功能。

本章基于 ANSYS 软件对双滚刀实验台的滚刀刀架、整体刀盘、实验机底座和主体框架等重要元部件进行了有限元分析，得出它们的应力分布图、安全系数图、变形图，结果均满足实验要求。另外，基于以上设计分析与仿真计算，完成了实验台样机的研制。

该章节提出的新型双滚刀实验台对弥补现有实验台功能不足、实验手段单一及实验数据可靠性差等缺点具有重要意义，同时对提高我国重大装备的制造技术具有积极的促进作用。

第4章　集成化双滚刀硬岩掘进综合实验台控制系统研究

4.1　双滚刀实验台控制系统的需求分析

在上一章对双滚刀硬岩掘进综合实验台功能需求分析基础上，本章重点对双滚刀实验台控制系统进行研究和集成化设计。双滚刀实验平台控制系统是保证滚刀破岩实验正常开展的前提，其对实验台各关键部件进行协调控制，使实验台刀具系统、工作台系统等主要部件在破岩过程中完成指定动作，为滚刀快速破岩与准确实验数据的获得提供保障。为了实现集刀具系统移动与精确定位、工作台高速移动、试件台定位调整及反馈控制等多种功能于一体的实验台，将具体控制系统分为刀具控制系统、工作台控制系统、试件台控制系统三个部分。各控制系统实现功能如下：

刀具控制系统：刀具控制系统主要对实验台滚刀的移动进行控制。实验破岩过程中，滚刀在控制系统驱动作用下移动至待破样岩表面以下数毫米处，该值即为滚刀破岩贯入度。移动至指定位置后，控制系统对调整好的刀具进行固定，移动工作台承载待破样岩进行移动，实现滚刀对岩石的被动切割。基于以上过程，刀具控制系统应具有精确定位及对刀具进行位置固定的功能，满足滚刀贯入度精确可调，且保证岩石稳定切割。

工作台控制系统：工作台主要承载样岩并进行高速移动，实现滚刀对岩石的被动切割。为了模拟滚刀的不同破岩速度，要求工作台控制系统可驱动其进行快速移动，且移动速度可调。

试件台控制系统：试件台控制系统主要驱动待破样岩进行横向移动，使得一块完整待破样岩通过横向调整可被反复切割多次，提高实验样岩利用率。因此要求该控制系统具有精确移动及准确定位的功能。

基于上述实验台控制系统功能描述与分析，实验台的整套控制系统宜由液压系统控制方式来搭建与实现。

本章内容主要针对上一章节提到的双滚刀实验平台的驱动系统进行设计与仿真分析。首先确定了双滚刀实验台的两大液压驱动系统——刀具系统和工作台系统，之后对每个系统进行了针对性设计和仿真分析。提出了一种新的控制理念，开发了双刀系统结构的智能控制平台，提出了模糊神经网络预测控制技术，将智能控制方法引入掘进机的控制系统。建立了动态仿真分析模型，提出了基于 AMESim 的液压系统计算方法，保证了驱动系统的稳定性和控制精度。最后对双滚刀实验台实际液压驱动系统进行了调试。

4.2 工作台液压驱动系统设计与仿真

双滚刀实验台进行滚刀破岩实验过程中，工作台主要是在液压驱动系统带动下，载着实验岩石样本进行高速移动，实现岩石样本对滚刀的被动切割。为了使实验台能够真实模拟全断面硬岩掘进机实际施工过程中滚刀切割岩石的高速线速度，同时，基于实际结构设计需求，工作台在破岩过程中移动速度能够达到 1.5 m/s，且实时可调。滚刀在该线速度条件下，以本书分析的刀盘转速 6 r/min为例，通过计算得出滚刀可模拟距刀盘中心 2.39 m 位置处滚刀的实际破岩过程。另外，工作台移动速度不受岩石样本载荷及刀具载荷的影响，可实现快速、稳定移动。

4.2.1 系统驱动原理

双滚刀实验台的工作台液压系统原理如图 4-1 所示。

工作台液压系统主要包括柱塞泵、电磁溢流阀、减压阀、蓄能器、7 联合流式比例换向阀、液压缸和油箱等，并应按照设计要求对相关参数进行设定。其中，柱塞泵采用电控排量控制，恒功率、恒压轴向斜盘柱塞泵排量 0.140 L/r、压力 35 MPa；电磁溢流阀采用 20 通径，压力为 32 MPa；减压阀采用 50 通径的逻辑插装式比例减压阀；采用 3 个 60 L 或者 4 个 40 L 高压蓄能器；7 联合流式比例换向阀每联流量 210 L/min，压力为 32 MPa。高速油缸的规格为 160 mm×80 mm×2 100 mm；两个油箱容量均为 600 L，在其之间带有回油过滤器和上开盖。

工作台液压驱动过程为：启动 75 kW 电机，油泵空转。7 联阀的第一联 A 端通电，第一联阀的流量为 210 L/min，折合 3.5 L/s，此阀单独通电 0.5 s，保

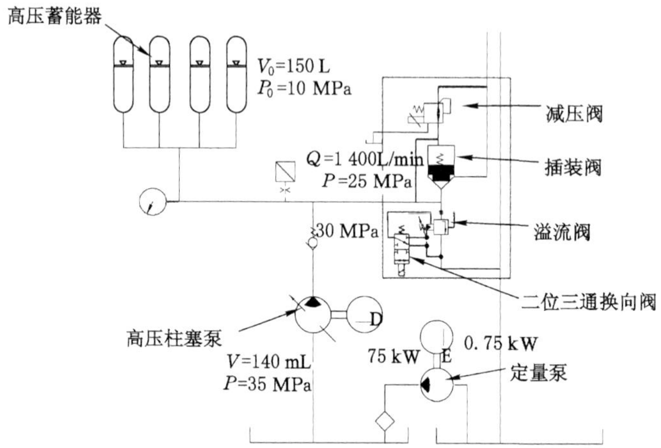

图 4-1　工作台液压系统原理图

证管路建立起压力使油缸克服静摩擦力开始运动，0.5 s 后第二、三联阀 A 端通电，使油缸加速运动。1 s 后，7 联阀 A 端全部通电，油缸全速运动。行程传感器连续测量油缸行程，测得油缸已运动 1.5 m 后，4 联阀断电，油缸减速。0.4 s 后，共 6 联阀断电，只保持一联阀继续减速。1 s 后，7 联阀全部断电，油缸停止运动。操作者调整石材位置，准备下一位置的切割。重复以上过程，直至石材表面全部切削完毕。

计算静态油缸运行速度为：

$$v=\frac{q}{A}\eta_v=\frac{4q\eta_v}{\pi(D^2-d^2)} \tag{4-1}$$

式中　q——输入流量；

A——活塞的有效面积；

D、d——活塞和活塞杆的直径；

η_v——缸的容积效率。

代入参数可得全速(7 联阀全部通电)$v=1.626$ m/s。

4.2.2　工作台液压系统拓扑图

通过对工作台液压系统功能和拓扑结构的分析，可以建立与原系统等价的用节点和元件(子系统)表示的液压系统拓扑结构，如图 4-2 所示。

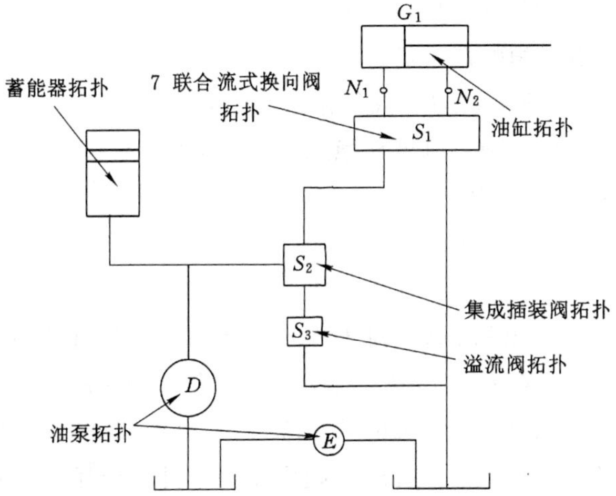

图 4-2　工作台液压系统拓扑结构图

4.2.3　仿真模型的建立

(1) 数学模型的建立

基于以上拓扑结构的建立，由节点 N_1，N_2 的拓扑约束方程和 S_1，G_1 的子模型可得工作台前进过程数学模型为：

$$\begin{cases} q_2 = A_1 x'_1 + \dfrac{V_1}{K} \times p'_2 \\ q_3 = A_2 x'_1 - \dfrac{V_2}{K} \times p'_3 \\ p_2 A_1 - F - \sum R_i = m_1 x''_1 \\ (B_v + B_f) x'_2 + (K_v + K_s) x_2 + R_m = m_2 x''_2 \\ q_1 = q_0 - \dfrac{V_3}{K} - p'_1 - G(p_1 - p_0) \end{cases} \tag{4-2}$$

式中　q_2、q_3——油缸进、出油腔流量；

p_2、p_3——油缸进、出油腔液压；

A_1、A_2——油缸活塞腔面积和活塞杆腔面积；

V_1、V_2——进油腔、排油腔液体容积；

m_1、x_1——运动部分质量和位移；

F——液压缸工作负载；

$\sum R_i$——各种摩擦阻力之和；

K——油液体积弹性模量；

B_v、B_f——瞬态液动力系数及黏性阻尼系数；

K_s、K_v——对中弹簧刚度和稳态液动力系数；

R_m——库伦摩擦力；

V_3——泵的出口容积。

(2) 模型仿真

利用 Matlab/Simulink 软件对工作台液压系统进行建模和仿真。其输入参数为：$A_1=D^2\times\pi/4=0.020\ 096\ \text{m}^2$，$A_2=(D^2-d^2)\pi/4=0.015\ 072\ \text{m}^2$，$m_1=3\ 070\ \text{kg}$，$V_1=1/(0.020\ 096\times L)$，$V_2=1/(0.026\ 88-0.015\ 072\times L)$。其中，$L$ 为液压缸行程，且活塞杆摩擦阻力忽略不计。应用 Simulink 建立的执行元件液压缸及其负载的数学模型如图 4-3 所示。

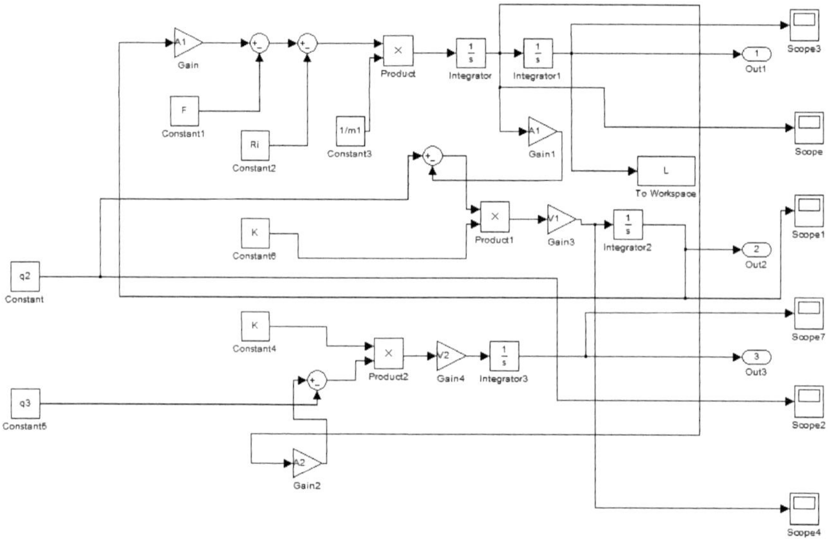

图 4-3　Simulink 数学模型仿真

4.2.4　仿真结果分析

为验证双滚刀实验台工作台液压系统设计的合理性和动态性能，下面利用 MATLAB 进行仿真和分析。7 联阀流量响应仿真特性曲线如图 4-4 所示，由仿真结果得出，第一联通电 0.5 s，流量 0.003 5 m^3/s，之后 3 联通电至 1 s 流量 0.010 5 m^3/s，7 联全部通电使油缸达到全速，此时流量 0.024 5 m^3/s，持续 1 s 后 4 联阀断电，油缸减速，流量 0.010 5 m^3/s，0.4 s 后共 6 联阀断电，只保持一联阀继续减速，流量 0.003 5 m^3/s，1 s 后，7 联阀全部断电，油缸停止，完全符合整个实验过程对 7 联阀的输出要求。

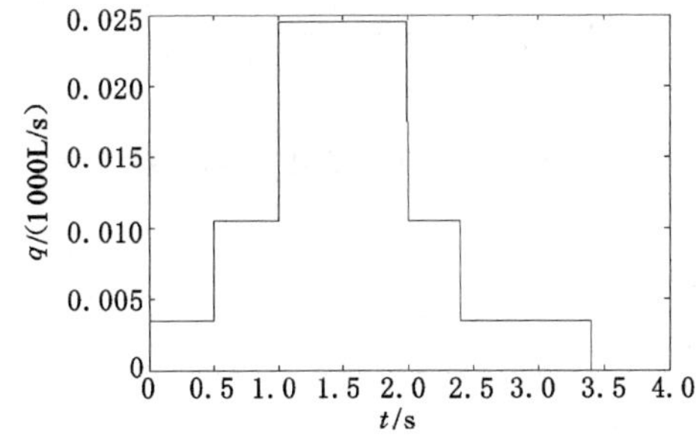

图 4-4　7 联阀仿真特性曲线

液压缸输出速度特性曲线如图 4-5 所示。由液压缸静态速度公式可知速度 v 主要取决于流量 q，速度的变化与流经油缸油液的流量大小成正比。由图 4-4、图 4-5 对比可知，输入流量与输出速度响应一致，最大流量与最大速度在可允许延迟范围内对时间响应相同，且由图可知响应与输入之间延迟约 0.5 s。由图 4-5 可知速度最大值约为 1.626 m/s，与上述静态值相同。

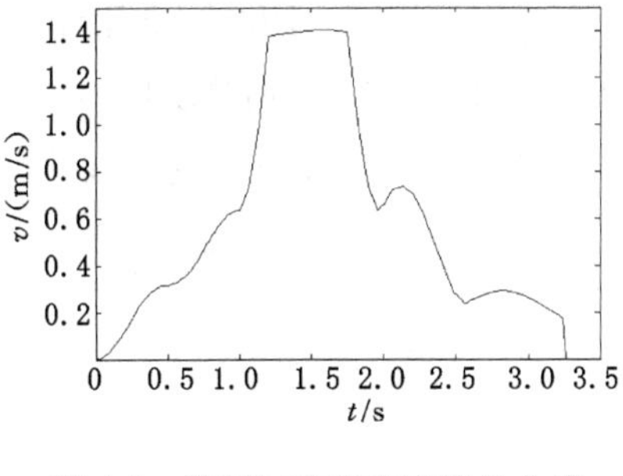

图 4-5　液压缸速度响应特性曲线

参数变化分析：

① 改变流量重新进行仿真，流量 q 最大值由 0.024 5 m^3/s 变为 0.021 m^3/s(即最高速度变为 6 联阀全部通电)。由静态公式可知速度 v 近似变为 1.393 m/s，输入流量 q 与输出速度 v 之间延迟 0.5 s，如图 4-6、图 4-7 所示。

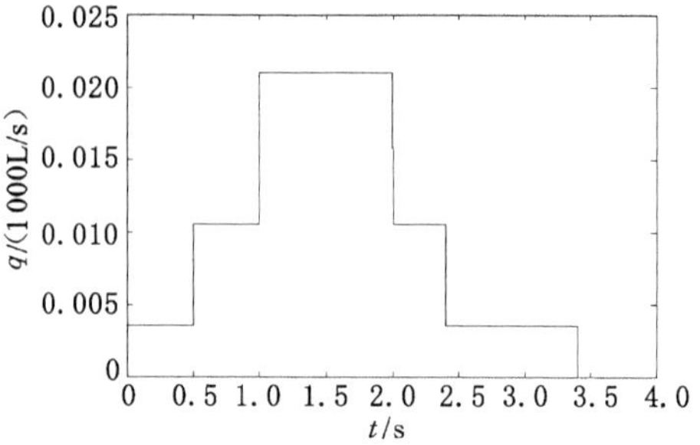

图 4-6　6 联阀仿真特性曲线

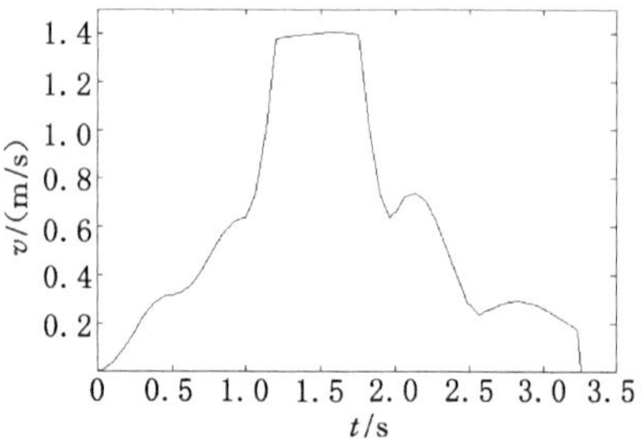

图 4-7　液压缸速度响应特性曲线

② 对实验台加载过程重新进行仿真。加载质量 m 由 0 kg 加载到 10 000 kg，可以得到图 4-8 响应特性曲线，由图 4-8 可得输入流量 q 与输出速度 v 之间延迟约 0.6 s。加载质量 m 变为 20 000 kg 时，仿真结果如图 4-9 所示，可得液压缸速度 v 不变，延迟变大约为 0.7 s。加载质量 m 变为到 30 000 kg 时，仿真结果如图 4-10 所示，由图可得实验台速度 v 不变，延迟增大为 0.9 s。

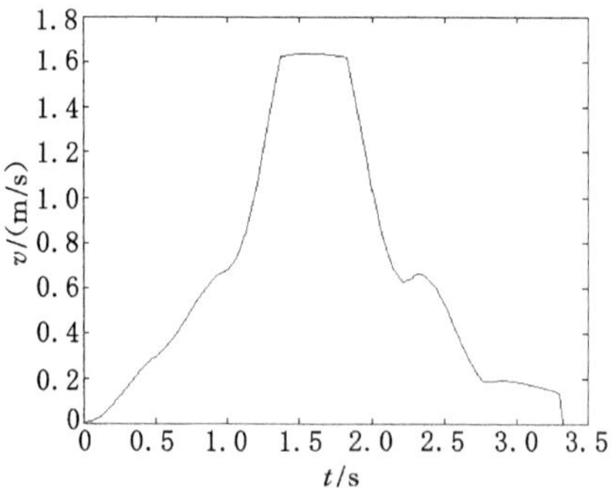

图 4-8　工作台速度响应特性曲线

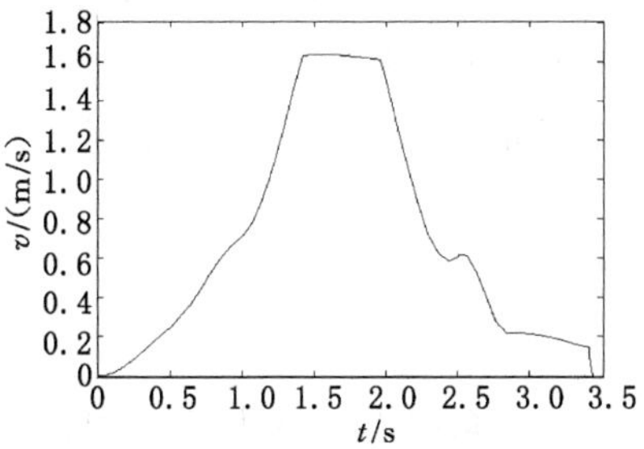

图 4-9　工作台速度响应特性曲线

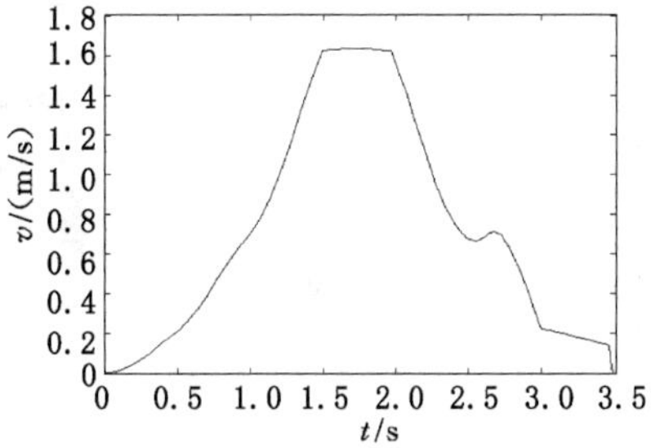

图 4-10　工作台速度响应特性曲线

由分析以上可得，液压缸运动速度(即工作台的运动速度)的大小完全由流量 q 决定，延迟与加载质量有关且成正比。在整个运动过程中始终保持液压系统静态特性与动态特性相统一，即理论与实践基本一致，能达到各项指标要求，设计正确。但液压系统在由空载加载到 10 000 kg、20 000 kg、30 000 kg 时，仿真结果显示液压缸速度出现了 0.6 s、0.7 s、0.9 s 的延迟，这也说明随着加载量的增大，液压缸速度延迟现象更加明显。

4.3　刀具液压驱动系统设计与仿真

双滚刀实验台刀具液压系统作用是在滚刀破岩过程之前，驱动两把实验滚刀移动至指定待切割岩石位置。同时，具有对滚刀位置进行固定的作用，可实现破岩过程中滚刀保持稳定破岩的条件和过程，最大化降低滚刀自身的移动和振动，实现真实模拟滚刀实际施工的破岩过程。按照设计要求和实际滚刀破岩过程，设定液压驱动系统可驱动刀具最快调整速度达 50 mm/min，位移测量精度 0.1 mm，可承受最高 1 000 kN 的冲击载荷。刀具液压系统的控制速度与位移精度直接关系到滚刀贯入度的调整效率与控制精度，为实验台实现滚刀不同贯入度高效破岩实验提供研究基础，为获得岩石在不同贯入度条件下的破碎情况提供准确数据。

4.3.1 刀具液压系统驱动原理

双滚刀实验台的刀具液压系统用来驱动刀具沿竖直方向移动，以达到对岩石切割的目的，其液压原理如图 4-11 所示。

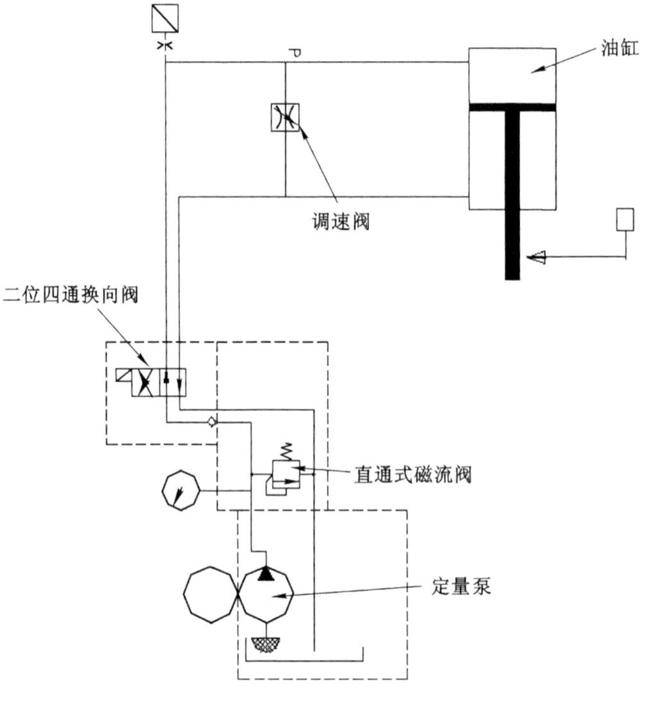

图 4-11　刀具液压系统原理图

该液压系统主要包括径向柱塞泵、安全阀、直动式溢流阀、截止式换向阀、液压缸和调速阀等。按照设计要求，对相关参数进行设定。其中，径向柱塞泵的流量为 1.4 L/min，压力为 50 MPa；安全阀的流量为 12 L/min，压力为 50 MPa；调速阀的压力为 50 MPa；电动球阀式截止式换向阀的压力为 50 MPa；内置行程传感器和压力传感器的液压缸规格为 250 mm×160 mm×300 mm。

刀具系统驱动过程为：启动电机并带动液压泵工作。液压油从 A 管流入，经过换向阀和管道 C 流入液压缸无杆腔，推动活塞杆下移。液压缸活塞杆下移时，有杆腔液压油经管道 D 流经换向阀进入管道 B，最终流回油箱。调速阀与执行元件液压缸采用差动式连接方法，对液压缸即刀具系统的运行速度进行调节。调节换向阀工作状态使管路 A、D 相通，B、C 相通。重复上述过程，实现活塞杆上移。

4.3.2　刀具液压系统模型的建立

刀具液压系统执行元件是液压缸，由液压系统原理图可以看出，决定执行元件工作状态的因素主要包括调速阀和比例换向阀。为了高效、精确地仿真出整个刀具液压系统的工作过程，仿真时主要分析调速阀、比例换向阀、液压缸及其负载间的动态关系，因此建模省略了其他元件。

仿真时把刀具液压系统原理图分成调速阀模块、比例换向阀模块和液压缸模块三部分进行仿真分析。

(1) 调速阀模块

在大液压系统中，若忽略调速阀开启时的动态特性，可得其简化模型为：

$$q=G_2(p_1-p_2) \tag{4-3}$$

式中　p_1、p_2——调速阀进口和出口油压；

G_2——调速阀液导；

q——流经调速阀的流量。

通过分析受力可得调速阀阀芯运动方程为：

$$m_r x''_v=(p_1-p_2)A_r-K_s(x_c+x_v)-(K_v+K_f)x'_v \tag{4-4}$$

式中　m_r、x_v——阀芯质量和位移；

K_s、x_c——弹簧刚度和预压缩量；

K_v、K_f——瞬态液动力系数和黏性阻尼系数；

A_r——液体作用面积。

(2) 比例换向阀模块

电磁换向阀通电时阀芯运动方程为

$$F_e=mx''=(B_v+B_f)x'+(K_v+K_s)x+R_m \tag{4-5}$$

式中　F_e——加给阀芯的外力即电磁力；

m、x——阀芯质量和位移；

B_v、B_f——瞬态液动力系数及黏性阻尼系数；

K_s、K_v——对中弹簧刚度和稳态液动力系数；

R_m——库伦摩擦力。

当电磁阀换向以后，流经电磁阀的流量方程可表示为

$$q=C_d A\sqrt{2(p_1-p_2)/\rho}=C\sqrt{p_1-p_2} \tag{4-6}$$

式中 q——流经电磁阀的流量；

C_d、A——阀口流量系数及阀口面积；

ρ——液体密度；

p_1、p_2——电磁阀进出口压力；

C——电磁阀综合流量系数。

（3）液压缸及其负载模块

液压缸活塞的运动方程为

$$p_1 A - F - \sum R_i = mx'' \tag{4-7}$$

液压缸的流量连续性方程为

$$\begin{cases} q_1 = A'x' + \dfrac{V_1}{K}p_1' \\ q_2 = A'x' - \dfrac{V_2}{K}p_2' \end{cases} \tag{4-8}$$

式中 A、A'——工作缸活塞杆腔面积和活塞面积；

$\sum R_i$——各种摩擦阻力之和；

m、x——运动部分质量和位移；

p_1、p_2——油缸进、出口油压；

q_1、q_2——油缸进、出口流量；

V_1、V_2——进油腔、排油腔液体容积。

4.3.3 刀具液压系统 PID 仿真

（1）PID 控制原理图

实验台刀具下降切割岩石过程中，根据实际工况以及切割进程要求，必须控制好液压缸的切割压力和速度，故仿真中只是对刀具切割岩石时下降的压力和速度进行了控制分析，采用的是常规 PID 控制器。图 4-12 为刀具液压系统 PID 控制原理图。

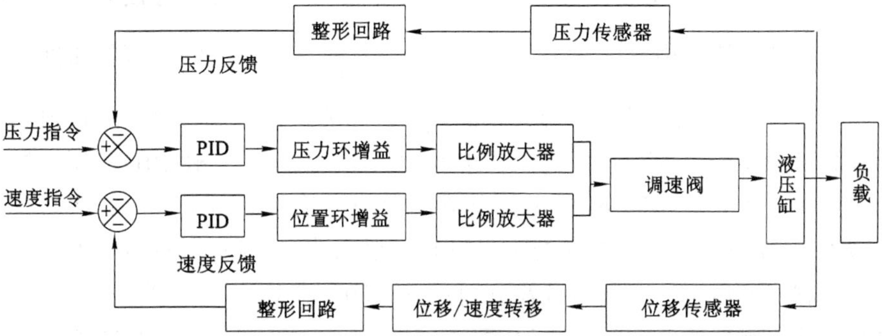

图 4-12　刀具液压系统 PID 控制原理图

(2) 刀具液压系统 Simulink 控制模型

采用常规增量式 PID 控制方法在 Matlab/Simulink 中构建系统的控制模型,所建立的控制模型如图 4-13 所示。

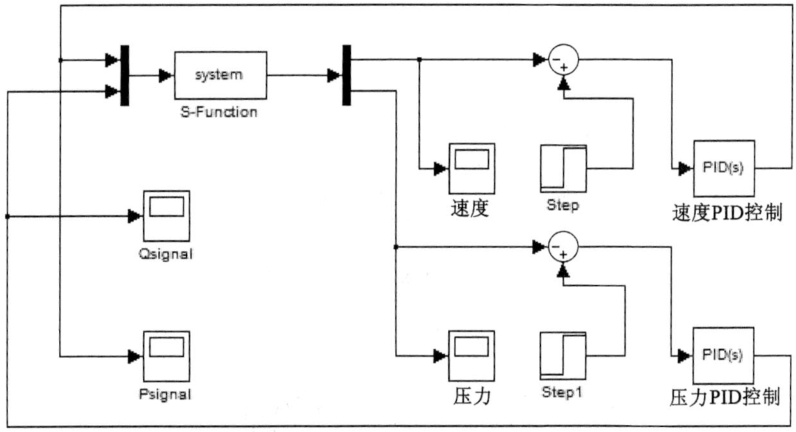

图 4-13　Matlab/Simulink 构建的刀具液压系统 PID 控制模型

4.3.4　仿真结果与分析

在上述建立的模型基础上,本小节对刀具下降速度和滚刀受力特性进行仿真和分析。

(1) 对刀具下降速度及位移进行仿真分析

如图 4-14、图 4-15 所示，分别为液压缸空载和负载时输出速度和相应的位移仿真特性曲线。由液压缸静态速度公式 $v=\frac{q}{A}\eta_v=\frac{4q\eta_v}{\pi(D^2-d^2)}$ 可知速度 v 主要取决于流量 q，速度的变化与流经油缸油液的流量大小成正比。通过理论分析计算可得 $v=(0.805\,5\pm0.000\,04)$ mm/s。由图 4-14 所示，PID 控制器仿真结果可知 $v=0.725\,533\,3$ mm/s。仿真结果与理论计算结果二者之间存在微小偏差，基本吻合。当刀具系统下降过程中遇到冲击载荷时，重新对刀具系统切割过程进行仿真。当冲击载荷分别为 $m=50\,000$ kg 和 $m=100\,000$ kg 时，液压缸输出特性曲线亦如图 4-14、图 4-15 所示。由刀具速度仿真特性曲线和刀具位移仿真特性曲线分析可以得出，在加载不断加大时，刀具速度和位移响应的延迟加大。

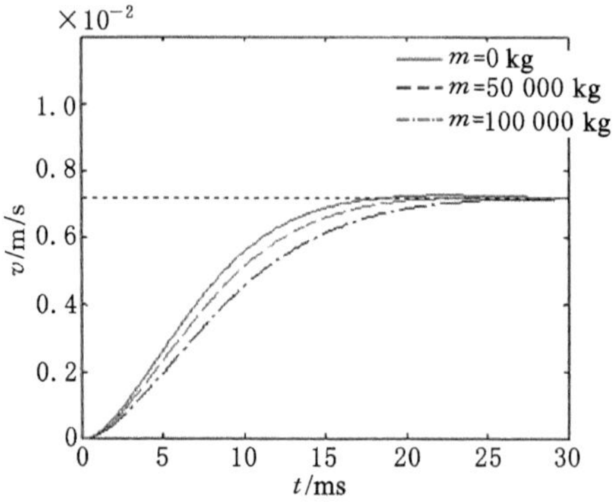

图 4-14　刀具速度仿真特性曲线

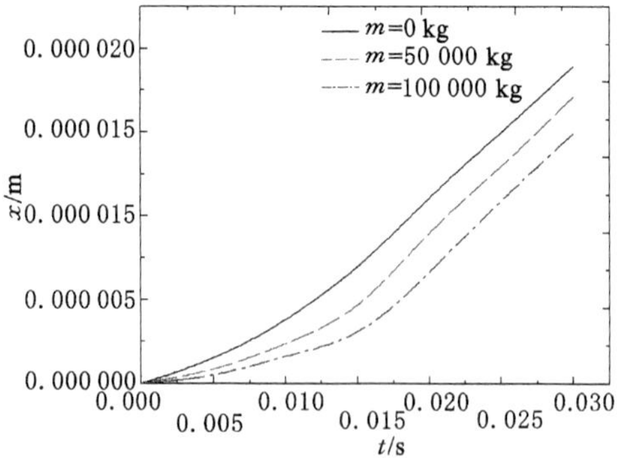

图 4-15　刀具位移仿真特性曲线

(2) 对刀具系统受力进行仿真分析

如图 4-16、图 4-17 分别为液压缸压强特性曲线和受力响应特性曲线。由分析可得，系统最大压强约为 48 MPa，由公式 $F=(p_1A_1-p_2A_2)\eta_m$[式(4-7)、(4-8)]可得，刀具最大压力为 1 448.325 kN，如图 4-16 所示。通过实验数据表明，压强受系统负载影响，二者成正比。

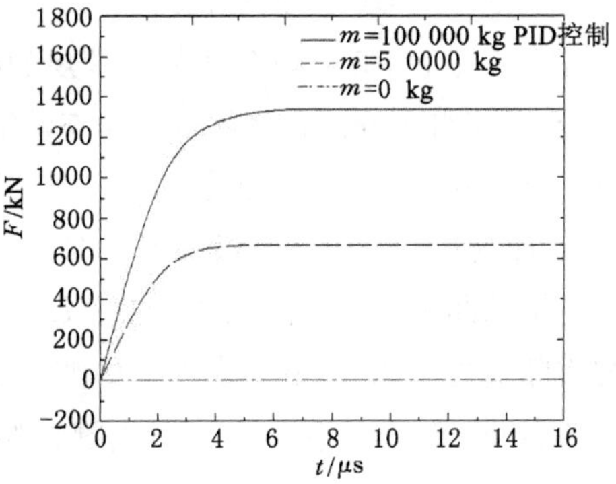

图 4-16　受力响应特性曲线

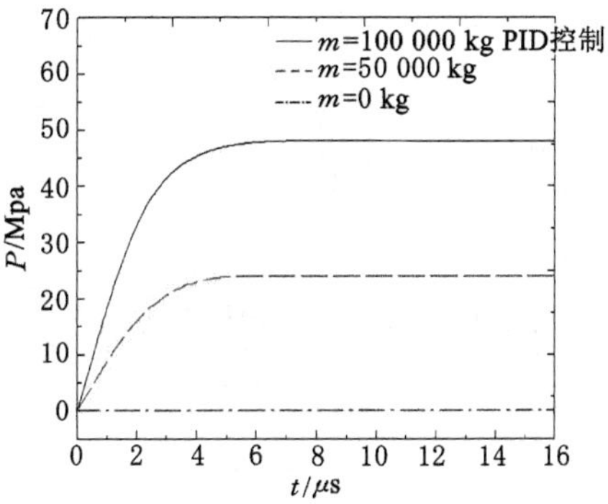

图 4-17　压强仿真特性曲线

由刀具速度仿真特性曲线和刀具位移仿真特性曲线分析可以得出，在加载不断加大时，刀具速度和位移响应的延迟加大。刀具系统是整个控制系统的核心，实际工况是一个复杂的非线性系统，具有非线性、干扰因素多等特点。在实验过程中，由于岩石存在质地不均匀以及有延迟现象等诸多因素影响，简单的控制系统很难实现动态性能的要求。这些会对分析结果造成误差，对实验台的工作品质造成影响。

4.4 基于模糊神经网络的预测控制系统设计

刀具液压系统是一个复杂的非线性系统，具有非线性、干扰因素多等特点，虽然 PID 控制具有一定的有效性，但 PID 采用的是常规的线性控制技术，若系统的非线性程度较强，难以获得良好的控制精度和动态性能。本节根据刀具液压控制系统特点，设计了模糊神经网络预测控制及模糊控制两级控制系统，其结构如图 4-18 所示。该控制器主要由两个模糊神经网络预测控制器及模糊控制器组成。模糊神经网络预测控制器主要完成速度和压力分析与控制，其中 e_1 为当前速度设定值与实际值之间误差、Δe_1 为误差的变化量；e_2 为当前压力设定值与实际值之间误差、该误差的变化量为 Δe_2；模糊控制器主要完成由上一级输出的速度控制信号和压力控制信号，通过逻辑推理判断输出控制信号，驱动执行器完成刀具系统的控制功能。

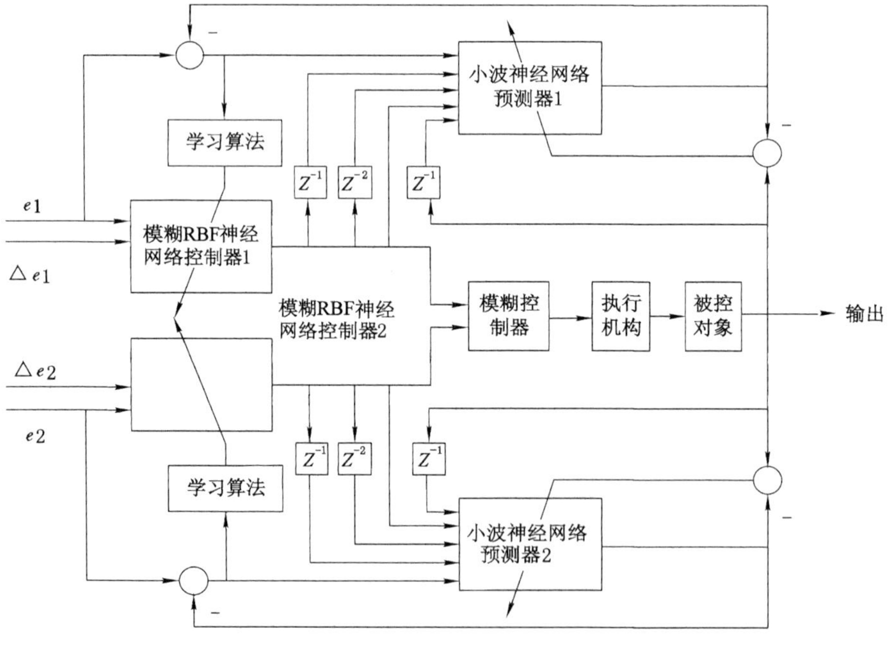

图 4-18　模糊神经网络预测控制系统结构图

其工作原理是：传感器检测刀具系统的速度和压力信号，并求出速度和压力的变化量，以此作为模糊神经网络预测控制器的输入量，小波神经网络预测器主要作用是预测未来的速度和压力，通过预测学习算法，调整模糊神经网络控制器的权值，从而使下一步的控制能根据将来的预测值调整控制策略，从而使控制输出达到最优，再将模糊神经网络输出的控制量通过模糊控制器转化为模糊量，并利用模糊逻辑推理算法进行最终决策并输出控制量，从而实现液压控制系统的优化控制。

该控制器设计利用了神经网络控制对非线性、时变、不确定性的复杂系统控制的有效性的特点，结合预测控制，预测出被控对象的未来输出，根据未来输出在线调整控制策略，并通过模糊控制技术进行逻辑推理，实现刀具液压系统的优化控制。

4.4.1　模糊神经网络控制器设计

速度控制和压力控制采用模糊神经网络控制模式，其结构为 RBF 神经网络拓扑结构，RBF 的输出层 y_i 一般满足：

$$y_i = f_i(x) = \sum_{k=1}^{N} w_{ik}\phi_k(x,c_k) = \sum_{k=1}^{N} w_{ik}\phi_k(\| x - c_k \|_2) \quad i = 1,2,\cdots,m \tag{4-9}$$

其中，$x \in R^n$ 是输入矢量；$\phi_k(\cdot)$表示一个 R^+ 到 R 的函数；$\|\cdot\|_2$ 表示欧几里得范数；w_{ik} 表示第 k 个隐含层单元到第 i 个输出单元的权值；N 表示隐含层的神经元个数；$c_k \in R^n$ 表示输入向量空间的径向基函数中心。

取 RBF 神经网络的隐层节点函数为高斯函数，则：

$$y_i = \sum_{k=1}^{N} w_{ik} \cdot \exp\left[-\frac{\| x - c_k \|^2}{\sigma_k^2}\right] \tag{4-10}$$

利用参数 σ_k 来控制径向基函数的宽度，而通常表示为增长参数。

针对该系统，输入量有两个，x_1 表示误差量 e，而 x_2 表示误差变化量 Δe，输出量为控制量 $u(k)$。

定义其性能指标为：

$$J = \frac{1}{2}[r(k+1) - y(k+1)]^2 \tag{4-11}$$

式中，$r(k+1)$为被控对象的期望输出；$y(k+1)$为系统的实际输出。

根据梯度下降法得到输出权值，径向基函数中心，径向基函数宽度的迭代算法为：

输出层的权值学习算法为：

$$\omega_k(k+1)=\omega_k(k)+\theta\Delta\omega_k(k)+\beta(\omega_k(k)-\omega_k(k-1)) \tag{4-12}$$

同理可得，隶属函数参数学习算法为：

$$c_{kj}(k+1)=c_{kj}(k)+\theta\Delta c_{kj}(k)+\beta[c_{kj}(k)-c_{kj}(k-1)] \tag{4-13}$$

$$\sigma_k(k+1)=\sigma_k(k)+\theta\Delta\sigma_k(k)+\beta[\sigma_k(k)-\sigma_k(k-1)] \tag{4-14}$$

其中：

$$\begin{aligned}\Delta\omega_k(k)&=-\frac{\partial J}{\partial\omega_k}=-\frac{\partial J}{\partial y(k+1)}\frac{\partial y(k+1)}{\partial u(k)}\frac{\partial u(k)}{\partial\omega_k}\\&=[r(k+1)-y(k+1)]\phi_k\cdot\frac{\partial y(k+1)}{\partial u(k)}\end{aligned} \tag{4-15}$$

$$\begin{aligned}\Delta c_{kj}&=-\frac{\partial J}{\partial c_{kj}}=-\frac{\partial J}{\partial y(k+1)}\frac{\partial y(k+1)}{\partial u(k)}\frac{\partial u(k)}{\partial c_{kj}}\\&=[r(k+1)-y(k+1)]\omega_k\varphi_k\frac{2(x_j-c_{kj})}{\sigma_k^2}\cdot\frac{\partial y(k+1)}{\partial u(k)}\end{aligned} \tag{4-16}$$

$$\begin{aligned}\Delta\sigma_k&=-\frac{\partial J}{\partial\sigma_k}=-\frac{\partial J}{\partial y(k+1)}\frac{\partial y(k+1)}{\partial u(k)}\frac{\partial u(k)}{\partial\sigma_k}\\&=[r(k+1)-y(k+1)]\omega_k\varphi_k\frac{2(x_j-c_{kj})}{\sigma_k^3}\cdot\frac{\partial y(k+1)}{\partial u(k)}\end{aligned} \tag{4-17}$$

其中，θ 为学习速率；β 为惯性常数，且均在(0，1)区间取值。

由于$\frac{\partial y(k+1)}{\partial u(k)}$很难确定，根据预测器的输出 $y^*(k+1)\approx y(k+1)$，故可得：

$$\frac{\partial y(k+1)}{\partial u(k)}\approx\frac{\partial y^*(k+1)}{\partial u(k)} \tag{4-18}$$

4.4.2 神经网络预测器设计

(1) 预测控制原理及应用

模型预测控制(model predictive control，MPC)通常被简称为预测控制，其采用是多步预测、滚动优化和反馈校正等多种控制策略，是一种应用极为广泛的新型计算机控制算法。其控制效果良好，有较强的鲁棒性，由于刀具液压系统有很强的非线性、不确定性和时变的系统，所以传统的控制方法难以达到良好的控制效果。引入预测控制目的是：通过预测未来的输出值，实时在线调整控制策略，从而提高控制精度和系统的动态性能。

典型预测控制系统包括参考轨迹、预测模型、滚动优化、在线校正等几个部分组成。其结构如图 4-19 所示。

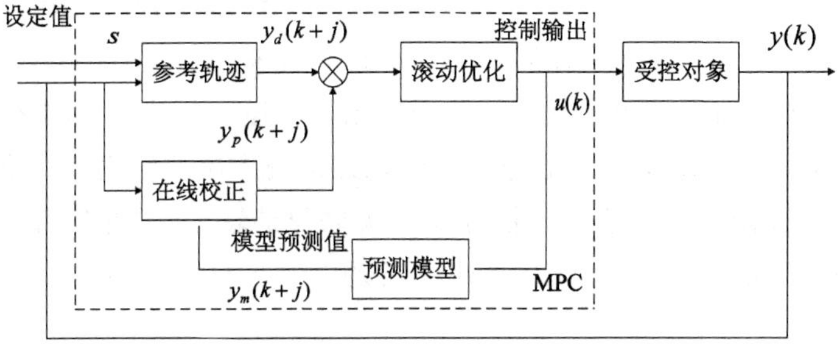

图 4-19　典型的预测控制系统结构图

预测控制最初仅针对线性系统，但实际生活中的工业控制对象多数都是复杂的非线性、不确定性及时变的系统，难以确定其精确的数学模型。由于预测控制自身的鲁棒性特点，对象的非线性特性可视为一种模型失配，故可通过在线辨识模型参数的方法实现非线性系统的预测控制。其非线性预测控制系统结构如图 4-20 所示。

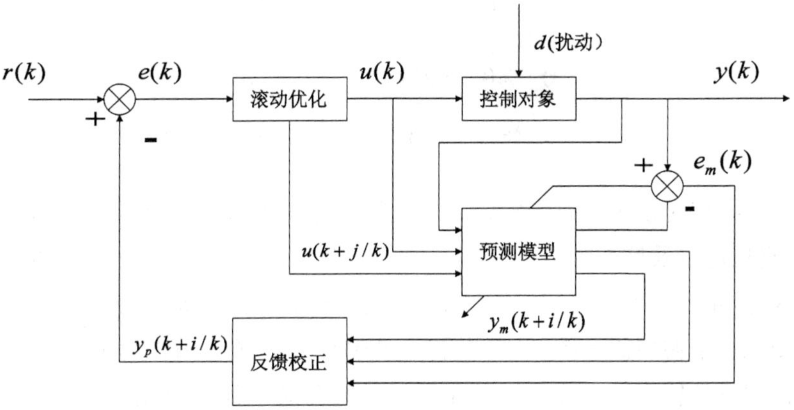

图 4-20　非线性预测控制系统结构图

本节将神经网络控制与预测控制相融合，结合刀具液压系统固有的非线性及不确定性的特性，提出一种新型的神经网络预测控制方法，并对其控制器进行设计。

（2）小波神经网络预测器设计

预测器设计预测的值准确与否直接影响控制效果，为提高预测器的预测效果，本节提出一种递归小波神经网络预测控制的方法，利用递归小波神经网络能很好地逼近非线性系统的特点，在线建立参考模型，完成对系统动态特性的辨识，并利用 RBF 神经网络控制方法提高控制效果。

本节的预测器设计采用具有三层网络结构的递归小波神经网络，其结构如图 4-21 所示。该网络结构中的隐含层输入是由输入层的输出和关联层的输出共同作用的，而隐含层的输出又恰好作为关联层的输入，因此这种递归网络结构具有良好的动态特性，适用于刀具液压系统这种动态时变的非线性不确定系统。

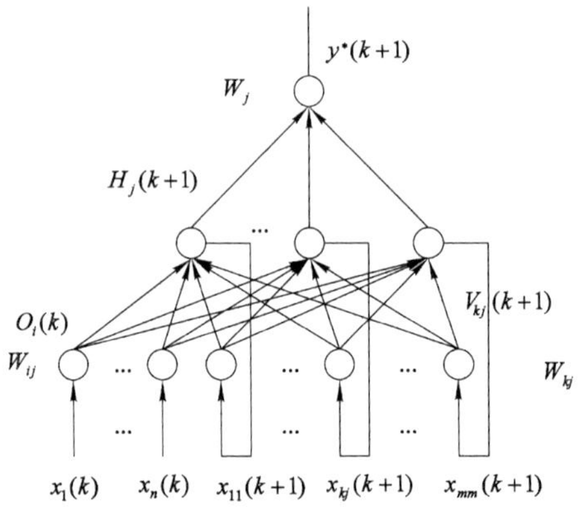

图 4-21　多输入单输出递归小波神经网络结构图

小波控制对系统的时频特性具有良好的分析能力，而且神经网络又具有自学习、自适应以及联想功能，因此，二者相结合，其模型建立方便快捷，预测能力好。因为 Morlet 小波基有计算稳定、误差小和对干扰的鲁棒性好等特点，更适用于变风量空调控制系统，所以本节选用 Morlet 小波函数作为小波基函数。

该网络的输入层有 n 个神经元，取 $n=6$，即输入层神经元为 $x_1(k)$，$x_2(k)$，$x_3(k)$，$x_4(k)$，$x_5(k)$，$x_6(k)$分别表示神经网络控制器的输出量 $u(k)$，被控对象实际输出的延时 $y(k-1)$和被控对象实际输出与预测输出之间的误差 $y(k)-y^*(k)$，令输入层的输出为 $O_i(k)$，$i=1,2...n$。隐含层和关联层均有 m 个神经元，令 k 时刻隐含层的输出为 $H_j(k+1)$，故关联层的输入量可表示为 $x_{kj}(k+1)=\alpha H_j(k)$，其中 α 为反馈增益，而关联层的输出用 $V_{kj}(k+1)$表示。

故该递归小波神经网络的输出为：$y^*(k+1)=\sum_{j=1}^{m}\omega_j\varphi(\sum_{i=1}^{n}\omega_{ij}O_i(k)+$

$\sum_{k=1}^{m}\omega_{kj}V_{kj}(k+1)-\theta_j)$。其中，$\theta_j$ 为小波函数的平移系数值；$\varphi(\cdot)$ 为小波函数；ω_j 为隐含层与输出层的连接权值；ω_{ij} 为输入层与隐含层的连接权值；ω_{kj} 为关联层与隐含层的连接权值。

取 Morlet 小波基函数：

$$\varphi(x)=(1-x^2)\mathrm{e}^{-\frac{x^2}{2}} \tag{4-19}$$

定义该网络的误差性能指标函数为：

$$E=\frac{1}{2}[y(k+1)-y^*(k+1)]^2 \tag{4-20}$$

其中，$y(k+1)$和 $y^*(k+1)$分别代表 $k+1$ 时刻系统的实际输出与预测器的参考模型输出。

参数的学习采用梯度下降法得：

$$\omega_j(k+1)=\omega_j(k)+\eta\Delta\omega_j(k)+\alpha[\omega_j(k)-\omega_j(k-1)] \tag{4-21}$$

$$\omega_{ij}(k+1)=\omega_{ij}(k)+\eta\Delta\omega_{ij}(k)+\alpha[\omega_{ij}(k)-\omega_{ij}(k-1)] \tag{4-22}$$

$$\omega_{kj}(k+1)=\omega_{kj}(k)+\eta\Delta\omega_{kj}(k)+\alpha[\omega_{kj}(k)-\omega_{kj}(k-1)] \tag{4-23}$$

$$\theta_j(k+1)=\theta_j(k)+\eta\Delta\theta_j(k)+\alpha[\theta_j(k)-\theta_j(k-1)] \tag{4-24}$$

其中：

$$\begin{aligned}\Delta\omega_j&=-\frac{\partial E}{\partial\omega_j}=-\frac{\partial E}{\partial y^*(k+1)}\cdot\frac{\partial y^*(k+1)}{\partial\omega_j}\\&=[y(k+1)-y^*(k+1)]\sum_{j=1}^{m}\varphi\Big(\sum_{i=1}^{6}\omega_{ij}O_i(k)+\sum_{k=1}^{m}\omega_{kj}V_{kj}(k+1)-\theta_j\Big)\end{aligned} \tag{4-25}$$

$$\begin{aligned}\Delta\omega_{ij}&=-\frac{\partial E}{\partial\omega_{ij}}=-\frac{\partial E}{\partial y^*(k+1)}\cdot\frac{\partial y^*(k+1)}{\partial\omega_{ij}}\\&=[y(k+1)-y^*(k+1)]\sum_{j=1}^{m}\omega_j\varphi'\Big(\sum_{i=1}^{n}\omega_{ij}O_i(k)+\sum_{k=1}^{m}\omega_{kj}V_{kj}(k+1)-\theta_j\Big)O_i(k)\end{aligned} \tag{4-26}$$

$$\begin{aligned}\Delta\omega_{kj}&=-\frac{\partial E}{\partial\omega_{kj}}=-\frac{\partial E}{\partial y^*(k+1)}\cdot\frac{\partial y^*(k+1)}{\partial\omega_{kj}}\\&=[y(k+1)-y^*(k+1)]\sum_{j=1}^{m}\omega_j\varphi'\Big(\sum_{i=1}^{n}\omega_{ij}O_i(k)+\sum_{k=1}^{m}\omega_{kj}V_{kj}(k+1)-\theta_j\Big)V_{kj}(k+1)\end{aligned} \tag{4-27}$$

$$\Delta\theta_j = -\frac{\partial E}{\partial \theta_j} = -\frac{\partial E}{\partial y^*(k+1)} \cdot \frac{\partial y^*(k+1)}{\partial \theta_j}$$
$$= -[y(k+1) - y^*(k+1)]\sum_{j=1}^{m}\omega_j\varphi'\left(\sum_{i=1}^{n}\omega_{ij}O_i(k) + \sum_{k=1}^{m}\omega_{kj}V_{kj}(k+1) - \theta_j\right) \tag{4-28}$$

式中，η 为学习速率；α 为惯性参数；η，α 均在(0,1)区间内取值。

4.4.3 模糊控制器设计

模糊控制是以模糊集理论、模糊语言变量和模糊逻辑推理为基础的一种智能控制方法，它从行为上模仿人的模糊推理和决策过程。模糊控制系统所采用的模糊控制器是模糊控制与微机控制相区分的关键所在，故模糊控制器设计的好坏，将是整个模糊控制系统设计的核心内容。

模糊控制器结构中所采用的模糊规则、合成推理算法及模糊决策的方法等因素是设计的关键所在。采用模糊控制对复杂的非线性、时变性和不确定性系统来说，模糊控制方法控制效果优良。

针对本节所设计的控制系统，控制器的输入量有两个，x_1 表示压力信号，而 x_2 表示速度信号。设定模糊控制的语言值为：NB(负大)、NM(负中)、NS(负小)、ZE(零)、PS(正小)、PM(正中)、PB(正大)。

采用 If A_i and B_i，then C_i 为模糊控制规则。其中模糊子集 A_i，B_i，C_i 分别是误差量 e_1、误差量 e_2 及输出量的模糊子集。

根据控制经验得到模糊控制规则如表 4-1 所示。

可得到 49 条模糊规则。根据模糊规则得到模糊关系：

$$R = \bigcup_{i=1}^{49}(E_1 \times E_2) \times U \tag{4-29}$$

可得：

$$U = (E_1 \times E_2) \cdot R \tag{4-30}$$

其解模糊过程将采用加权平均法。

表 4-1 模糊控制规则表

	NB	NM	NS	ZE	PS	PM	PB
NB	NB	NB	NM	NM	NS	NS	ZE
NM	NB	NM	NM	NS	NS	ZE	PS
NS	NM	NM	NS	NS	ZE	PS	PS

表 4-1(续)

	NB	NM	NS	ZE	PS	PM	PB
ZE	NM	NS	NS	ZE	PS	PS	PM
PS	NS	NS	ZE	PS	PS	PM	PM
PM	NS	ZE	PS	PS	PM	PM	PB
PB	ZE	PS	PS	PM	PM	PB	PB

4.4.4 模糊神经网络预测控制仿真分析

(1) 刀具系统受力仿真分析

PID 控制适用于线性系统,然而大多数系统是非线性系统,若采用线性控制策略,其系统的动态响应速度和稳态精度难以达到较高的要求。刀具控制系统具有很强的非线性特性,因此,本书采用智能控制策略对刀具控制性能进行分析。

图 4-22、图 4-23 是采用两种不同控制算法的液压缸压强特性曲线。由图可得采用模糊神经网络预测控制响应速度快,控制精度高,系统最大压强约为 50 MPa,而采用 PID 控制其压强约 48 MPa,其动态调节时间较长。从仿真曲线可以看出,PID 控制无论从响应速度还是控制精度都与模糊神经网络预测控制有差距。

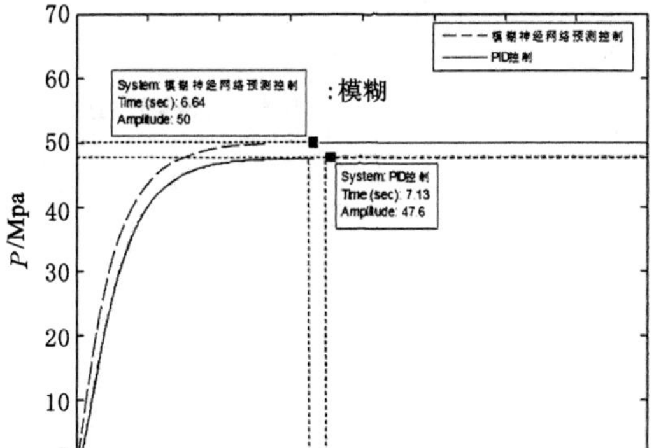

图 4-22　压强仿真特性曲线

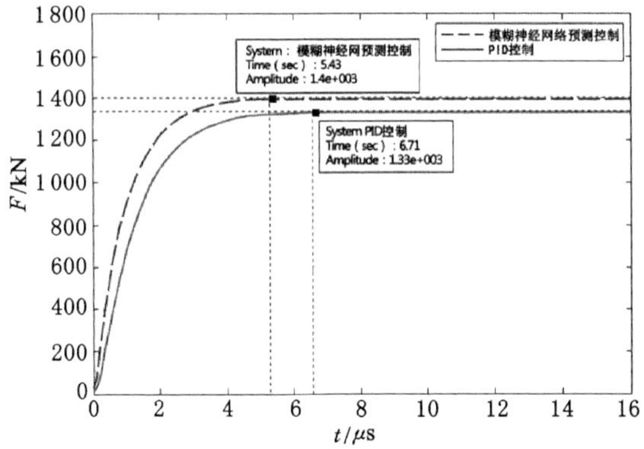

图 4-23 受力响应特性曲线

由以上分析可得，液压缸运动速度(即刀具下降速度)的大小完全由流量 q 决定，达到最大值的时间与负载有关且成正比；液压缸最大正向压力主要由系统压强(主泵压强)决定。在整个运动过程始终保持液压系统静态特性与动态特性相统一，即理论与实践完全一致，且能达到各项指标要求。

(2) 刀具系统下降速度仿真分析

当刀具系统下降过程中遇到冲击载荷时，需重新对刀具系统切割过程进行仿真。当 Z 向冲击载荷为 $m=50\ 000$ kg 时，采用 PID 和模糊神经网络预测控制的液压缸输出特性曲线如图 4-24 所示。

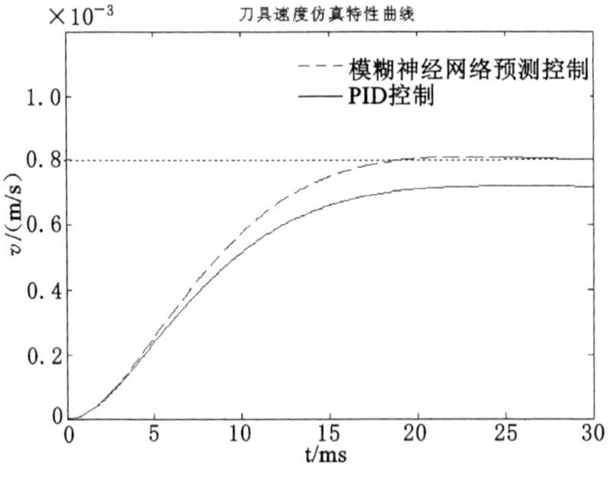

图 4-24 刀具速度 PID 与模糊神经网络预测控制曲线

从仿真曲线可以看出，采用模糊神经网络预测控制技术具有良好的控制精度，响应速度较快，大约需 15 ms 系统达到稳态，而采用 PID 控制策略，其动态调节时间大约在 23 ms，从控制精度看，采用模糊神经网络预测控制技术其输出的速度稳态值在 0.8 μm/s，而采用 PID 控制输出的稳态值在 0.7 μm/s，其输出值存在稳态误差，说明采用智能控制策略具有良好的动态响应性能指标和良好的稳态精度。其原因主要在于：

① 刀具控制系统是一个非线性控制系统，而 PID 控制是一种线性控制方式，适用线性系统，在对于非线性系统的控制时会存在一定的误差，其动态性能指标和稳态性能指标会受到一定的影响，因此，控制性能与智能控制相比具有一定的差距。

② 模糊神经网络预测控制技术适用于非线性系统，由于神经网络具有良好的自适应、自组织能力，在对非线性较强的系统中，能根据系统的非线性特性自动调节以适应非线性系统自身的非线性特性，以及扰动对系统的影响。

③ 模糊神经网络预测控制是将模糊、神经网络和预测控制结合的一种智能复合控制方式，将模糊推理、自适应预测控制相互融合，能适应复杂系统的复杂控制策略，使系统具有良好的动态控制效果。

④ 预测控制通过预测未来的输出值，实时调整输出控制策略，使控制输出能根据未来的输出预测值有效地调节当前的控制输出，使控制系统具有良好的控制精度。

仿真结果表明模糊神经网络预测控制技术具有良好的控制性能，较常规的 PID 控制技术相比，具有响应速度快，控制精度高等特点，大大提高了刀具控制系统的控制性能。

如图 4-25 所示，分别为液压缸空载和负载时，即当冲击载荷分别为 $m=0$ kg、$m=50\ 000$ kg、$m=100\ 000$ kg 时，输出速度仿真特性曲线。由图可知仿真结果与理论计算结果完全一致，即 $v=0.805\ 533\ 3$ mm/s。采用模糊神经网络预测控制技术可以达到良好的动态性能指标和良好的控制精度。

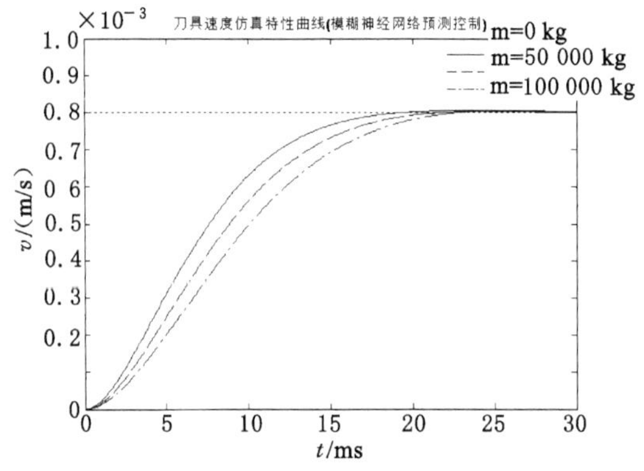

图 4-25　刀具速度模糊神经网络预测控制曲线

4.5　实验台样机控制与驱动系统研发

4.5.1　实验台控制与驱动系统

实验台液压系统实际结构如图 4-26 所示。其中包括:六联换向阀、先导式溢流阀、插装阀、调速阀、液压缸连接管、蓄能器等。该系统可满足工作台工作最大移动速度 1.5 m/s,从静止达到最大速度的时间不超过 1.5 s,最大实验力 300 kN;纵向最大移动速度 50 mm/min,最大实验力 1 000 kN。

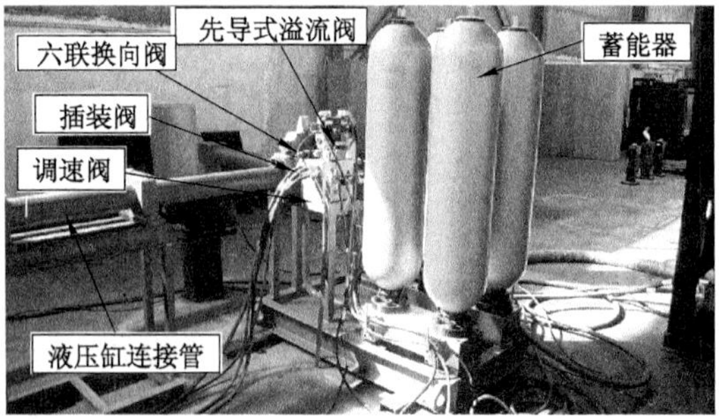

图 4-26　实验台液压系统

控制系统可实现:纵向实验力测量范围 20～1 000 kN,实验力测量精度 ±1%(示值);位移测量精度 ±0.1%(满量程);横向实验力测量范围 4～200

kN；实验力测量精度±1%（示值）；位移测量精度±0.1%（满量程）；活塞速度控制精度±3%，控制系统如图 4-27 所示。

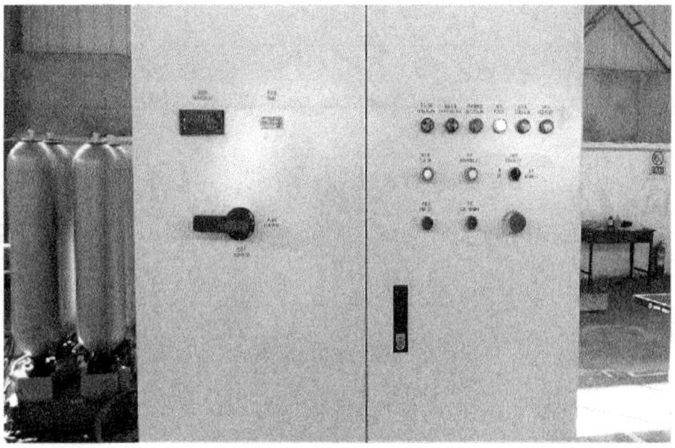

图 4-27　实验台控制系统

4.5.2　实验台驱动系统功能参数对比

岩石滚刀综合实验机液压驱动的系统设计要求与实现指标功能参数对比，如表 4-2 所示。经过设计分析及对样机控制系统的调试可得，横向推进速度范围 0.2～1.5 m/s；位置检测精度 0.004 mm；速度检测精度±0.01 mm/s，速度控制误差±10%；实验压力测量精度±1%（电脑示值）；工件台水平调整范围±400 mm；整体刀架行程 300 mm，推进速度 0.05 m/min；位置检测精度 0.004 mm；实验压力测量精度±1%（电脑示值）。

表 4-2　实验机液压驱动系统功能参数对比表

项目名称	设计要求	实现指标
油压/MPa	20	20
横向速度范围/(m/s)	0.2～1.5	0.2～1.6，无级调速
横向最大拉力/kN	200	300
横向位移测量精度/mm	0.1	0.004
横向速度控制精度/%	±5	±3
横向推力测量精度/%	±1	±1（电脑示值）
纵向最大压力/kN	1 000	1 448
纵向移动速度/(mm/min)	5	5

表 4-2(续)

项目名称	设计要求	实现指标
纵向位置检测精度/mm	0.1	0.004
位置显示		电脑示值、标尺

纵向公称压力不大于 20 MPa;压力精度±1%(示值);液压缸活塞行程 300 mm;活塞运动速度 50 mm/min;位移测量精度 0.1 mm;配置压力、位移传感器;Y 向最大实验力 200 kN;公称压力不大于 20 MPa;实验压力测量范围 4～200 kN;实验力测量精度±1%(示值);液压缸活塞行程 1 600 mm;活塞回缩速度 0.2～1.5 m/s,可无级调整,用于切割实验;活塞回缩速度控制精度±5%;位移测量精度 0.1 mm;配置压力、位移传感器。

样机的功能参数均达到了设计要求。更重要的是对实验台的检测系统、实验系统、控制系统进行了集成。实验台可以通过数据检测系统对滚刀的压力、速度进行检测,通过刀具实验系统对刀具失效、刀具液压系统的建模、刀具对岩石的适应性、刀盘模态进行分析,通过工程实验系统对工程岩石破碎过程、刀具对地质的适应性进行分析,通过智能控制系统对各种控制策略研究,包括:PID 控制、模糊控制、模糊神经网络预测控制,通过仿真实验系统对刀具的建模、压力与速度进行仿真。下面两个章节将充分利用实验台的集成化功能开展实验研究和验证工作。

4.6 本章小结

本章对双滚刀实验台控制系统进行了需求分析,提出了集刀具系统移动与精确定位、工作台高速移动、试件台定位调整及反馈控制等多种功能于一体的智能控制平台。

本章对双滚刀实验台液压驱动系统进行了设计和仿真,主要分析了工作台和刀具两大液压系统,通过该液压系统的驱动使工作台和刀具能够达到预期功能指标,满足实验要求,同时保证了稳定性及实测精度,系统达到了验收要求。

开发了双滚刀系统结构的智能控制平台,使系统更加完善,具有实时性好、可靠性高、人机交互性能好等特点。其实验功能主要包括:刀具实验分析模块、控制策略分析模块、仿真实验分析模块、参数性能检测模块等,可实现硬岩掘进机性能分析、工程实验,系统具有实验数据准确、可靠性高、操作方便等特点。

提出了模糊神经网络预测控制技术，将智能控制方法引入掘进机的控制系统，采用非线性控制与预测控制融合的控制技术，通过预测未来控制量实施有效控制，仿真研究结果表明：系统控制精度高、抗干扰能力强。

另外，本章基于理论研究与仿真分析，对实验台的控制系统进行了实际生产与研制。通过对实际控制系统的调试，得出该实验台各关键部件动作过程与指标均能达到设计要求，模拟掘进机刀具系统满足实际破岩的各种条件，并为后续开展掘进机刀具系统的实验研究提供了设备基础。

第5章　滚刀受力及其对岩石适应性分析

盘形滚刀(以下简称:滚刀)是掘进机刀具系统的主要部件之一,滚刀的失效是刀具系统失效的主要形式,其破岩与磨损效率等性能参数对掘进机掘进性能有重要影响[97]。本章基于全断面硬岩掘进机滚刀破岩机理、滚刀磨损机理及滚刀、岩石力学性能,通过仿真分析与实验验证相结合的方法,对破岩过程中滚刀受力与振动情况、岩石破碎效果及滚刀对不同岩石的适应性等方面进行了深入研究。

5.1　盘形滚刀的破岩

5.1.1　滚刀破岩原理

滚刀在岩石表面上连续碾压致使岩体破碎,动力系统所提供的驱动力可分为施加在每个刀圈上的荷载为轴向压力(推力)和滚动力(扭矩)。轴向载荷迫使刀圈侵入岩石表面,滚动载荷迫使刀圈碾压岩石形成沟槽。在以上两种载荷作用下,岩石首先发生短暂的形变,当载荷超过某一数值时,即超过岩石的峰值荷载后,岩石破碎,如图 5-1 所示。

冲击碾压和剪切碾碎被认为是滚刀破碎岩石的主要方式。对于前者而言,由于自然界中的岩石并非各向同性均匀材质,所以在相同载荷下,滚刀在工作面上滚动时,贯入度时大时小,使刀体产生振动,造成对岩石的冲击。对于后者而言,刀圈与岩石之间的摩擦力对岩石表面产生了破碎作用。同时,刀圈作圆周运动的向心力对刀圈内侧岩石产生剪切作用[98]。

在研究滚刀破岩过程及滚刀破岩机理时,滚刀贯入度是一项重要参数,它是指在全断面岩石掘进机刀盘旋转掘进施工时,刀盘表面上的滚刀随刀盘旋转一周而压入岩石的深度。滚刀贯入度对滚刀破岩机理、滚刀破岩效率、滚刀破岩时所受的力学特征及刀间距优化分析等都有重要影响。

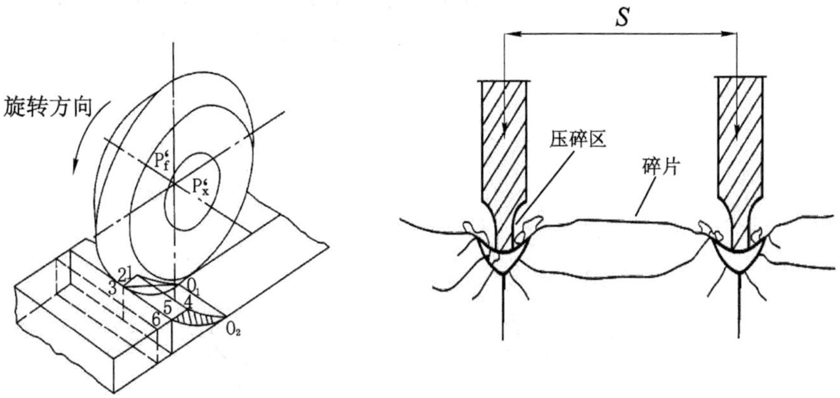

图 5-1　滚刀破岩原理示意图

图 5-2 表示滚刀破岩时滚刀受力情况主要受法向力、滚动力和侧向力三个力的作用示意图。法向力也叫垂直力，其方向垂直于工作面，由掘进机的推进系统提供；滚动力也称为切向力，其方向为刀刃外圆的切线方向，由驱动刀盘旋转的马达提供；滚刀边缘的侧向力是滚刀挤压岩石时，岩石在滚刀上产生的反作用力，还有部分随刀盘公转的离心力，其方向垂直于滚刀刀圈外侧并指向刀盘中心，由于其数值相对于其他两力较小，一般忽略不计。

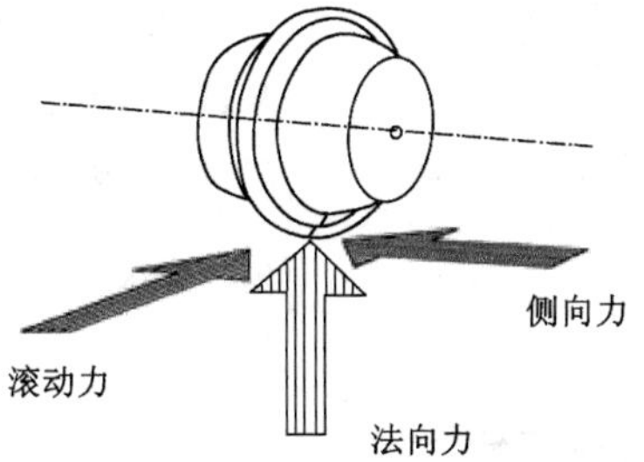

图 5-2　盘形滚刀受力示意图

5.1.2　岩石破碎过程

初期破碎阶段并不能使岩石大面积破碎脱落，但它是破岩的必然过程，如图 5-3 所示。继续增加载荷，贯入度也随之增加，直接与刀刃接触的岩石破碎成粉末，而周围的岩石产生的微观裂纹向刀刃端两侧发展，其中几条裂纹延伸到了岩石表面，该裂纹称为岩石破碎的“起始裂纹”。此时由于岩石粉末飞离岩体，致使潜存的形变势能急剧下降，而表面势能却在增加，于是裂纹向四周自由发展，产生了体积较大的岩石碎块，继而崩落，如图 5-4 所示。

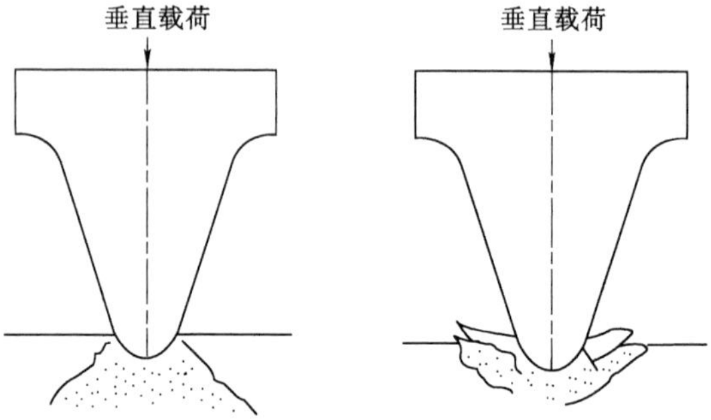

(a) 储能阶段　　(b) 释能阶段

图 5-3　岩石的初期破碎

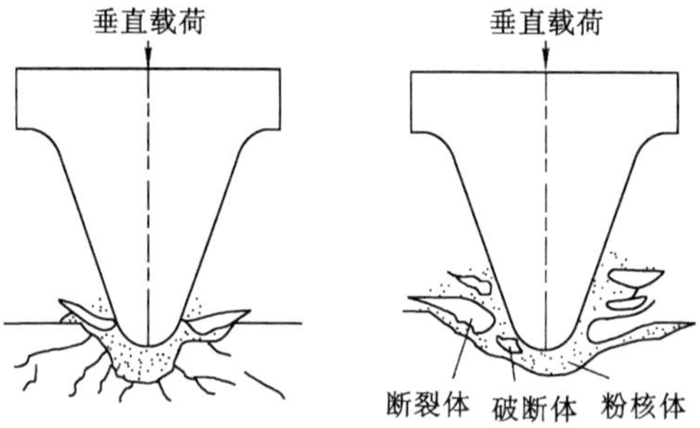

(a) 起始裂纹　　(b) 岩石破碎体

图 5-4　岩石破碎阶段

5.1.3　滚刀破岩过程的模态分析

(1) 滚刀实体模型

刀具系统失效是全断面硬岩掘进机失效的主要形式，而滚刀的失效又是刀具系统失效的主要形式。全断面硬岩掘进机在极其恶劣的条件下工作，承受很高的工作载荷，滚刀必须在巨大压力和强烈的振动下应能正常运转并进行破岩[99]。因此，研究滚刀在掘进过程中的受力、变形和振动，将有助于了解影响滚刀磨损的主要因素及这些影响因素的特性与作用机理，这对于提高掘进机刀具系统的掘进效率、延长使用寿命、提高可靠性具有重要意义。同时也为优化滚刀结构、降低生产成本、提高经济效益起到推动作用。

模型的建立以 17 inch 滚刀为例，滚刀的刀圈结构形式及其刀刃示意图如图 5-5 所示。

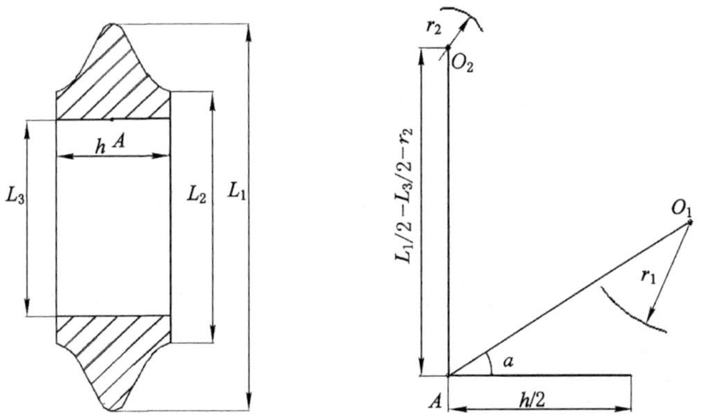

(a) 刀圈尺寸　　(b) 刀刃尺寸

图 5-5　刀圈及刀刃尺寸示意图

在实体模型中滚刀所对应的设计参数如表 5-1 所示。

表 5-1　刀圈参数

刀圈外径 L_1/mm	刀刃径 L_2/mm	刀圈内径 L_3/mm	刀圈轴度 h/mm	刀刃弧度半径 r_1/mm	刀刃角半径 r_2/mm	刀刃径厚 AO_1/mm	刀刃弧度角 α
432	302	232	80	194	85	58	41.5

在实体模型中滚刀所用材料的主要力学参数如表 5-2 所示。

表 5-2　滚刀材料力学参数

组件	材料类型	密度 /(kg/m^3)	弹性模量 /GPa	泊松比	屈服应力 /GPa	剪切模量 /GPa
芯轴	钴高速钢 M42	7 850	209	0.3	—	—
刀体	钴高速钢 M35	7 830	207	0.3	—	—
刀圈	高速钢 W18Cr4V	8 490	180	0.31	0.9	0.445

由于此仿真重在分析研究刀圈受力和岩石样本破碎情况的关系，所以在建模过程中只保留了刀圈、刀体、芯轴以及岩石部分。

（2）刀圈力学模型

刀圈的属性设置为各向同性弹性材料，在此条件下其应力、应变关系为 $\sigma=E\varepsilon$，在三维空间里其应力偏量、初始应力和相应的应变关系可表示为：

$$\begin{cases}\sigma_x-\sigma_0=2G(\varepsilon_x-\varepsilon_0),\tau_{xy}=G\gamma_{xy}\\ \sigma_y-\sigma_0=2G(\varepsilon_y-\varepsilon_0),\tau_{yz}=G\gamma_{yz}\\ \sigma_z-\sigma_0=2G(\varepsilon_z-\varepsilon_0),\tau_{zx}=G\gamma_{zx}\end{cases}\tag{5-1}$$

$$\sigma_0=3K\varepsilon_0\tag{5-2}$$

式中，$\varepsilon_0=(\varepsilon_x+\varepsilon_y+\varepsilon_z)/3$ 为初始应变；$\sigma_0=(\sigma_x+\sigma_y+\sigma_z)/3$ 为初始应力；$G=E/2(1+v)$ 为剪切模量；$\lambda=Ev/(1+v)(1-2v)$ 为 Lame 弹性常数；$K=E/3(1-2v)$ 为体积弹性模量。

将式(5-1)与式(5-2)写成增量形式，有

$$\begin{cases}\Delta\sigma_x=\Delta\sigma_0+2G(\Delta\varepsilon_x-\Delta\varepsilon_0),\Delta\tau_{xy}=G\Delta\gamma_{xy}\\ \Delta\sigma_y=\Delta\sigma_0+2G(\Delta\varepsilon_y-\Delta\varepsilon_0),\Delta\tau_{yz}=G\Delta\gamma_{yz}\\ \Delta\sigma_z=\Delta\sigma_0+2G(\Delta\varepsilon_z-\Delta\varepsilon_0),\Delta\tau_{zx}=G\Delta\gamma_{zx}\end{cases}\tag{5-3}$$

$$\Delta\sigma_0\sigma_0=3K\Delta\sigma_0\varepsilon_0\tag{5-4}$$

式中：$\Delta\varepsilon_0=(\Delta\varepsilon_x+\Delta\varepsilon_y+\Delta\varepsilon_z)/3$ 为初始应变增量；$\Delta\sigma_0=(\Delta\sigma_x+\Delta\sigma_y+\Delta\sigma_z)/3$ 为初始应力增量。

应力应变递推关系式为：

$$\begin{cases}\sigma_i^{n+1}=\sigma_i^n+\Delta\sigma_i^n\\ \varepsilon_i^{n+1}=\varepsilon_i^n+\Delta\varepsilon_i^n\end{cases}\tag{5-5}$$

滚刀在工作过程中主要受到垂直力 F_V 和切向力 F_R 的作用，而侧向力很小，可以忽略不计。滚刀受到的垂直力 F_V 为：

$$F_V=D^{\frac{1}{2}}h^{\frac{3}{2}}\left[\frac{4}{3}\sigma_c+2\tau\left(\frac{S}{h}-2\tan\frac{\alpha}{2}\right)\right]\tan\frac{\alpha}{2}\tag{5-6}$$

切向力 F_R 为：

$$F_R=F_V\tan\beta\tag{5-7}$$

$$\tan\beta=\frac{(1-\cos\varphi)^2}{\varphi-\sin\varphi\cos\varphi}\tag{5-8}$$

式中，D 是刀具直径；h 是滚刀切入岩石深度；σ_c 为岩石单轴抗压强度；τ 为岩石无侧向抗剪强度；S 为刀间距；α 为滚刀刃角；φ 为滚刀接岩角。

(3) 模态分析结果

全断面硬岩掘进机开挖隧道时,在刀圈和岩石接触区的应力最大,这种现象显示刀圈外侧是容易磨损的区域,也是影响刀具系统可靠性的一个重要因素。由于隧道地质条件复杂和岩石材料的非均匀性,滚刀在破岩过程中会出现振动现象,这种振动也会降低刀具系统的可靠性,尤其是出现共振时,对刀具系统的可靠性构成很大危害。

模态是结构的固有振动特性,每一阶模态都具有特定的固有频率、阻尼比和模态振型。理论上,任何物体都有 6 个刚体自由度:3 个平移和 3 个转动,没有任何约束时做模态分析时会有 6 个零频率分别对应这 6 个自由度。对物体进行 6 阶模态分析,可以查看其全部运动状态下的固有频率,如图 5-6 所示。对滚刀模型 6 阶模态进行分析,可找出滚刀在各种施工状态时的固有频率,避免滚刀施工共振,提高其使用寿命。

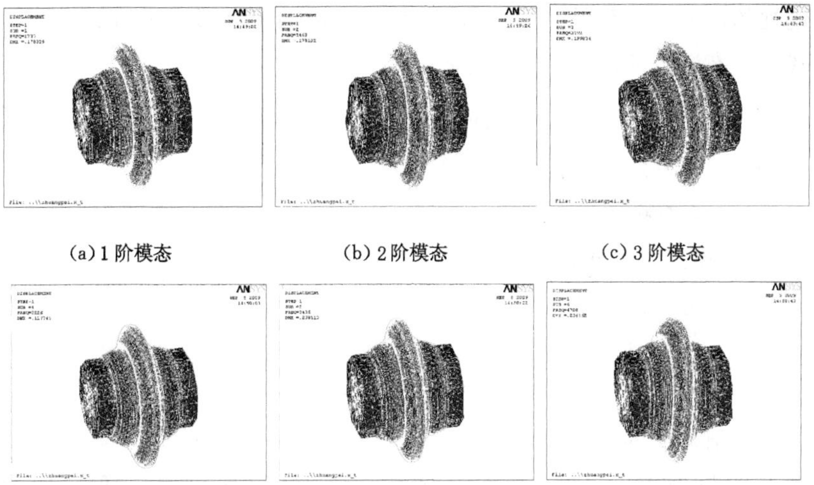

(a) 1 阶模态　(b) 2 阶模态　(c) 3 阶模态

(d) 4 阶模态　(e) 5 阶模态　(f) 6 阶模态

图 5-6　滚刀模态分析图

滚刀模态分析如表 5-3 所示,从分析结果可以看出,滚刀的固有频率随阶数的增加而增大,且增加幅度较大。振动模态是弹性结构体固有的、整体的特性,结构的振动可视作各阶固有振型的线性组合。对于滚刀这种结构简单的结构体来说,低阶振型相对于中阶和高阶振型对结构的动力影响程度更大,低阶振型决定了结构的振动形态。

表 5-3　滚刀模态

阶次	1	2	3	4	5	6
频率值/Hz	1 708.9	2 463.1	3 192.0	3 225.7	3 436.1	4 707.6

从图 5-6 和表 5-3，可看出滚刀振动的 1 阶频值为 1 708.9 Hz，2 阶频值为 2 463.1 Hz，3 阶频值为 3 192.0 Hz，4 阶频值为 3 225.7 Hz，5 阶频值为 3 436.1 Hz，6 阶频值为 4 707.6 Hz。在滚刀材质及刚度确定的情况下，滚刀破岩过程中产生的振动主要由滚刀破岩速度引起，即滚刀线速度决定。因此为了避开滚刀各阶固有模态的振动频率，防止滚刀破岩产生共振破坏，我们以滚刀 6 阶模态频率值为依据，对滚刀速度进行精确控制。

上述章节介绍过，滚刀在刀盘表面均匀分布，在刀盘转动驱动作用下，以同心圆轨迹进行滚压破岩。因此距离刀盘中心越近的滚刀线速度越小，距离刀盘中心越远的滚刀线速度越大。以直径为 6.24 m 的米字形刀盘为例。

代入模态速度响应公式

$$\eta_i''+2\zeta\omega_i\eta_i'+\omega_i^2\eta_i=\varphi_i^{\mathrm{T}}f(t) \tag{5-9}$$

式中　ω_i——滚刀角速度；

η_i——模态频率；

ζ——模态阻尼比；

φ_i——初始正则模态；

$f(t)$——协响应函数。

可以得出滚刀 1 阶固有频率值对应的滚刀角速度为 154 rad/min 左右，2 阶固有频率值对应的滚刀角速度为 217 rad/min 左右，3 阶固有频率值对应的滚刀角速度为 463 rad/min 左右，4 阶固有频率值对应的滚刀角速度为 509 rad/min 左右，5 阶固有频率值对应的滚刀角速度为 522 rad/min 左右，6 阶固有频率值对应的滚刀角速度为 563 rad/min 左右。

5.2　滚刀对岩石适应性分析

5.2.1　岩石力学模型

建立岩石破碎本构关系，首先要通过等效性假设实验来了解破碎变量 ω 与

应力 σ 和应变 ε 之间的关系。等效性假设主要分为以下三种。

（1）应变等效假设

假设施加在岩体上的有效应力可以使岩体发生形变，因此只要将其中的应力 σ 替换为有效应力 $\tilde{\sigma}$ 即可。有效应力可以定义为

$$\tilde{\sigma}=\frac{\sigma}{1-\omega} \tag{5-10}$$

所以一维弹性无损伤本构关系在无损伤时可以表示为

$$\varepsilon=\frac{\tilde{\sigma}}{E}=\frac{\sigma}{(1-\omega)E} \tag{5-11}$$

（2）应力等效假设

对于脆性材料，在真实应变 ε 作用下，破碎状态下的应力等效于有效应变 $\tilde{\varepsilon}$ 作用下虚拟的未破碎应力。真实破碎状态的应力、应变关系为 $\sigma=\tilde{E}\varepsilon$，虚拟未破碎状态下的应力、应变关系为 $\sigma=E\varepsilon$，所以

$$\tilde{\varepsilon}=\frac{\tilde{E}}{E}\varepsilon \tag{5-12}$$

若用 $\tilde{E}$ 表示破碎程度，可导出有效应变 $\tilde{\varepsilon}$ 与真实应变 ε 之间的关系为：$\tilde{\varepsilon}=\psi\varepsilon$ 或 $\tilde{\varepsilon}=(1-\omega)\varepsilon$。

（3）弹性等效假设

若设弹性应变能量密度 $\varphi(\tilde{E},\varepsilon)$ 与虚拟未破碎状态弹性应变能量密度 $\psi(E,\tilde{\varepsilon})$ 相等，即

$$\frac{1}{2}\tilde{E}\varepsilon^2=\frac{1}{2}E\,\tilde{\varepsilon}^2 \tag{5-13}$$

同时，对破碎的弹脆性材料，可设弹性应力能量密度 $\psi(\tilde{E},\varepsilon)$ 和虚拟未破碎状态的弹性应力能量密度 $\psi(E,\tilde{\varepsilon})$ 相等，则有

$$\frac{1}{2}\frac{\sigma^2}{\tilde{E}}=\frac{1}{2}\frac{\tilde{\sigma}^2}{E} \tag{5-14}$$

最终可求得

$$\tilde{\sigma}=E\,\tilde{\varepsilon} \tag{5-15}$$

5.2.2　滚刀对不同种类岩石适应性分析

从力学分析角度来看，滚刀与岩石样本之间的相互作用完全为接触问题，有别于材料非线性和几何非线性的边界条件问题。为了准确分析滚刀对岩石的适应性分析，以下分别对滚刀在不同贯入度作用下切割千枚岩的破碎情况和

滚刀在不同载荷作用下切割花岗岩破碎进行仿真和分析，并通过节点约束接触方式研究滚刀在相同贯入度下对大理岩、片麻岩、片岩和硬砂岩四种岩石样本的适应性。由于岩石属于脆性材料，由断裂力学理论得知，岩石破碎时峰值荷载主要与岩石本身的抗压强度有关，所以在以下研究内容中，仅考虑岩石的抗压强度作为岩石是否破碎的衡量值。

以下关于 ANSYS 的有限元仿真分析均为非线性接触动力学仿真与分析。仿真过程中定义滚刀及岩石的单元类型为 3D 实体单元模型，同时给体单元分配默认属性，为了准确求解，对体单元的几何特征进行了补充。另外，按照如表 5-2 所示滚刀材料参数属性，在 Material Models Defined 中定义材料属性。

在生成了具有边界条件的实体模型以后，按照自适应网格划分方式对实体进行网格划分，然后重新定义网格大小，再次分析计算，并对产生应力、应变的接触部位进行局部网格细化，以提高仿真精度。加载过程中对滚刀与岩石设置为面—面接触类型。对岩石底面节点进行位移全约束设置，对滚刀中心轴进行轴向位移约束设置。

(1) 千枚岩在不同贯入度作用下的破碎程度分析

图 5-7～图 5-10 所示为千枚岩 PY102 在不同载荷作用下的切割仿真剖面图。滚刀切割岩石样本贯入度分别为 5 mm/r、10 mm/r、15 mm/r 和 20 mm/r。其中千枚岩样本的参数如表 5-4 所示[100]。

表 5-4　千枚岩物理参数

名称	密度 /(kg/m³)	弹性模量 /GPa	泊松比	抗压强度 /MPa	内摩擦角 /(°)
千枚岩	1700	10	0.25	129	30

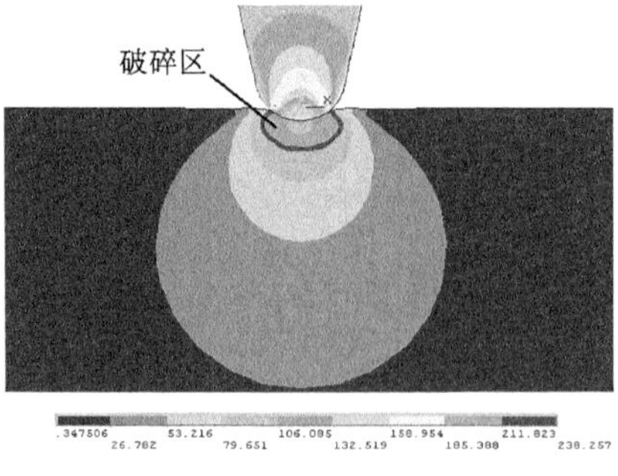

图 5-7　贯入度 5 mm/r 时千枚岩样本应力分布图

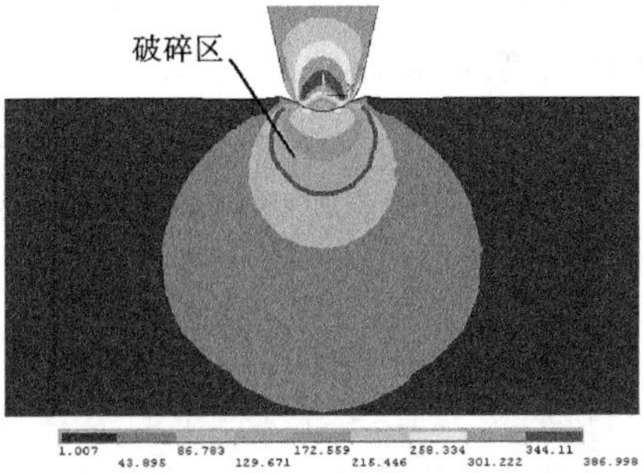

图 5-8　贯入度 10 mm/r 时千枚岩样本应力分布

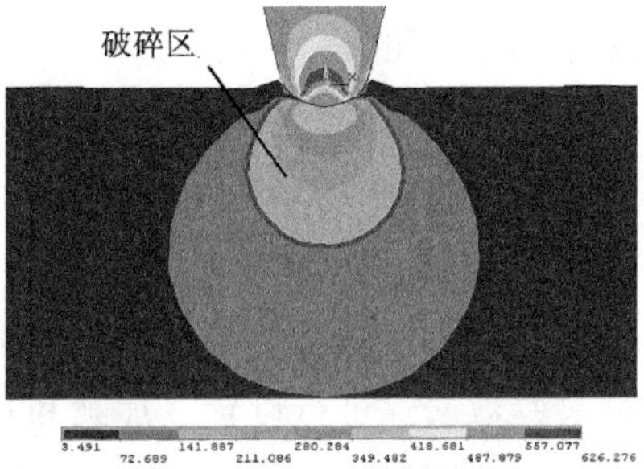

图 5-9　贯入度 15 mm/r 时千枚岩样本应力分布图

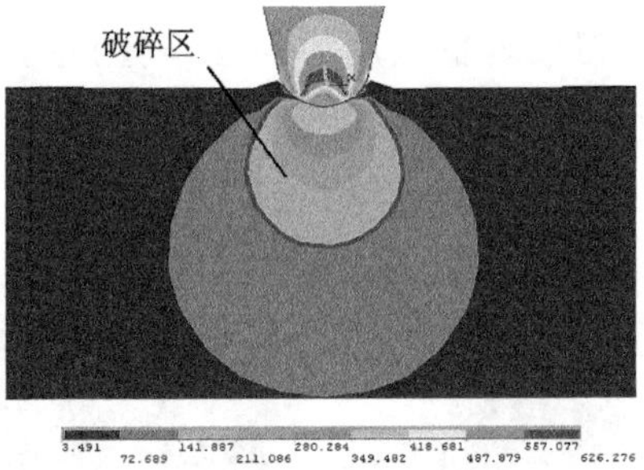

图 5-10　贯入度 20 mm/r 时千枚岩样本应力分布图

如图 5-7～图 5-10 所示，可以看到：当滚刀切割力大于岩石峰值荷载时，千枚岩样本会发生破碎，粗线条以上区域所受的应力大于该岩石样本的峰值荷载，即达到了破碎条件，该区域内的岩石发生破碎，而粗线条以外部分并不发生破碎。由仿真结果可以看出，在破岩过程中，在条件相同情况下，同种岩石在不同贯入度下破碎区域不同，并且岩石的破碎程度随着滚刀贯入度的增加而增大。而且随着滚刀贯入度的增加，滚刀受力增大。

上述现象说明：滚刀切割千枚岩过程中，滚刀的贯入度增加，滚刀受力加大，岩石破碎程度增加。但从图 5-7～图 5-10 中分析得出，当仿真滚刀切割千枚岩贯入度大于 10 mm/r 时，随着贯入度的增加，滚刀受力增幅减小。由分析可以得出，滚刀切割岩石贯入度到达一定临界值后，随着贯入度的增加，滚刀受力趋于稳定。从中可以推断，滚刀在破岩过程中的贯入度存在一个临界值，千枚岩样本的临界值与其自身的峰值荷载呈对应关系，同时该临界值也是保证滚刀实现破岩的有效贯入度。后面章节将利用研制的集成化硬岩掘进综合实验台对上述推断进行实验验证。

(2) 花岗岩在不同载荷作用下的破碎分析

以下仿真均基于 ABAQUS 有限元非线性接触动力学仿真与分析。仿真时，模型设置为默认网格单元类型、手动划分网格，为了使得仿真与分析结果收敛到唯一解，对产生应力、应变的接触部位进行局部网格细化。

仿真过程中定义滚刀及岩石的单元类型为单一材料的层叠体单元模型。另外，按照滚刀及岩石材料参数属性进行设置。加载和边界条件定义为表面载荷，为了防止模型产生无限制的瞬时运动，对模型中的所有分离部分都赋予一定的质量，避免产生过度塑性问题。对岩石底面节点进行位移全约束设置，对滚刀中心轴进行轴向位移约束设置，并按照预获得的结果设置输出要求。

为了进一步分析滚刀破岩贯入度的问题，利用建立的岩石破碎本构关系(公式 5-15)，以同种型号滚刀为例建立滚刀掘进岩石的有限元几何模型，并进行仿真划分单元，如图 5-11 所示。其材料属性定义为各向同性的线弹性材料，弹性模量设置为 208 GPa，泊松比设置为 0.3。

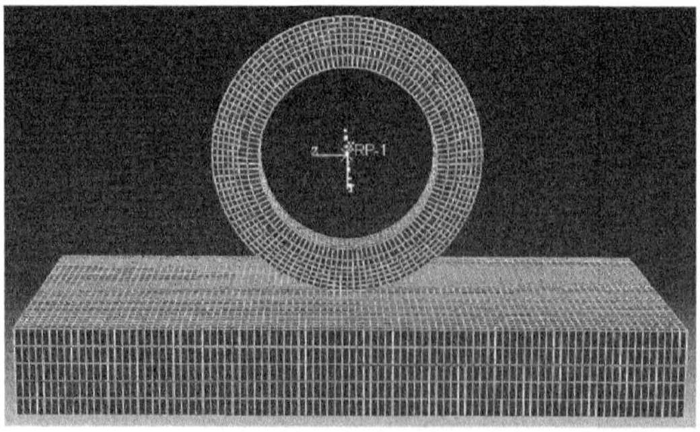

图 5-11　有限元模型

模型中的岩石样本是花岗岩，材料特性参数如表 5-5 所示[101]。根据弹塑性本构关系模型和岩石样本性质实验结果可以确定，这种微风化干燥花岗岩单轴抗压强度约为 167.5 MPa，抗拉强度在 18.6 MPa 左右。

表 5-5　花岗岩材料参数

密度/(kg/m^3)	抗压强度/MPa	抗拉强度/MPa	弹性模量/MPa	泊松比
2640	167.5	18.6	67 000	0.21

如图 5-12、图 5-13 所示，分别为花岗岩样本在不同贯入度下仿真的截面等效应力和截面竖直方向位移。如图 5-12(a)和图 5-13(a)所示，当贯入度为 0.5 mm/r 时，岩石样本所受应力范围是 70～121 MPa，未达到花岗岩的抗压强度 167.5 MPa，所以只发生弹性形变。如图 5-12(b)和图 5-12(c)所示，当贯入度达到 1.5 mm/r 时，花岗岩所受应力达到了自身抗压强度，出现了破碎迹象，现象十分明显。花岗岩是一种脆性材料，塑性变形阶段相对较短，所以此时可以认为花岗岩已经破碎，所以在该范围内存在一个贯入度值为花岗岩临界贯入度。从图 5-12(d)、(e)、(f)和图 5-13(d)、(e)、(f)可以看出：当滚刀贯入度大于 1.5 mm/r 时，从岩石样本的纵向剖面图上可以看出，在与滚刀接触的正下方岩石样本出现了一个半圆形破碎区。该区域的面积随着滚刀的贯入度的增加而增大，该半圆区域的半径也随之增大。如图 5-12(f)、图 5-13(f)所示，当贯入度达到最大 3 mm/r 时，破碎区域的面积也达到最大值。

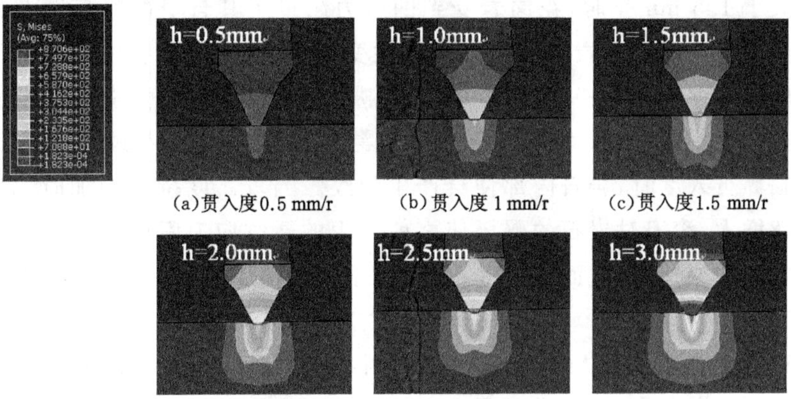

(a)贯入度0.5 mm/r　(b)贯入度 1 mm/r　(c)贯入度1.5 mm/r

(d)贯入度 2 mm/r　(e)贯入度 2.5 mm/r　(f)贯入度 3 mm/r

图 5-12　岩石滚刀截面等效应力分布

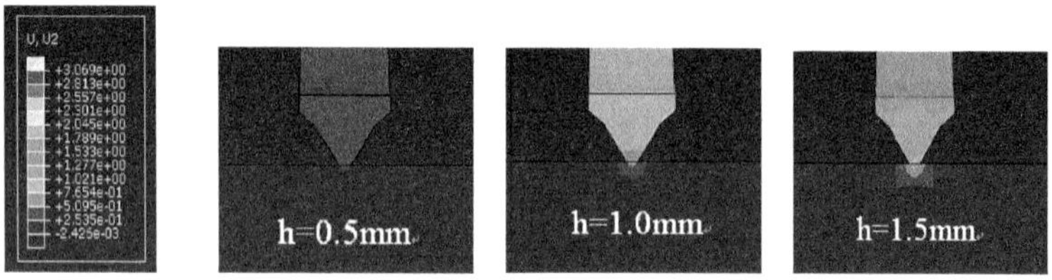

(a) 贯入度 0.5 mm/r　　(b) 贯入度 1 mm/r　　(c) 贯入度 1.5 mm/r

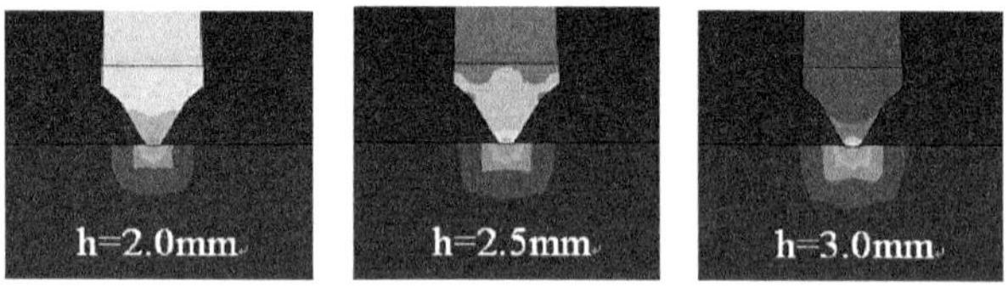

(d) 贯入度 2 mm/r　　(e) 贯入度 2.5mm/r　　(f) 贯入度 3 mm/r

图 5-13　岩石滚刀截面竖直方向位移

如图 5-12(c)、图 5-13(c)所示，通过对比，岩石样本上的抗压强度应力区域对应的贯入度为 1.5 mm/r 形变区域。由于该种岩石样本自身抗压强度为 167.5 MPa，所以图 5-12(c)中 167.5 MPa 应力区域和图 5-13(c)中 1.5 mm/r 形变区域就是该种岩石样本在滚刀作用下的破碎区域。随着滚刀贯入度的加大，岩石样本破碎程度也增大，但其变形区域增幅减小。

通过分析可以看出：当滚刀切割花岗岩的贯入度小于 1.5 mm/r 时，岩石样本表面只产生了弹性变形，塑性变形没有发生，所以不会出现破碎。当贯入度大于 1.5 mm/r 时，花岗岩受到的应力超过了其自身的峰值荷载，此时在处于滚刀正下方的岩石样本出现塑性变形，花岗岩破碎。由此，可以假定每种岩石都存在一个特定的贯入度。在破岩过程中，在滚刀与岩石表面接触处，岩石首先会产生物理变形，随着压入深度的增加，当压入深度大于岩石自身的临界贯入度时，岩石内部便会产生裂纹。当贯入度持续增加时，岩石变形继续增大，滚刀对岩石的碾压使之前产生的微纹向刀圈两侧延伸，最后与周围的裂纹相连通，进而形成岩石碎片。因此，滚刀贯入度越大，则岩石破碎程度越大。

这里也提出了把岩石自身存在的这种衡量岩石是否发生破碎的深度称为岩石自身的临界贯入度。临界贯入度的提出对于进行滚刀破岩研究，尤其是破岩效率研究具有重要的实际指导意义。

(3) 滚刀对不同岩石的适应性分析

利用建立的滚刀模型，分别对大理岩、片麻岩、片岩、硬砂岩四种岩石样本均以贯入度 10 mm/r 情况下进行仿真分析，如图 5-14～图 5-17 所示。四种岩石样本的参数如表 5-6 所示[102]。

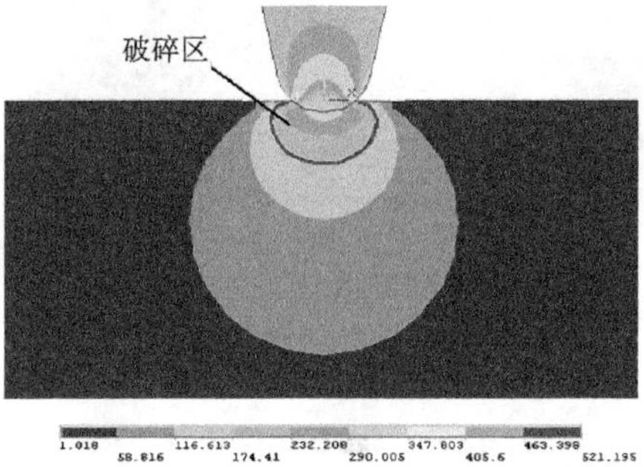

图 5-14　大理岩样本破岩应力分布图

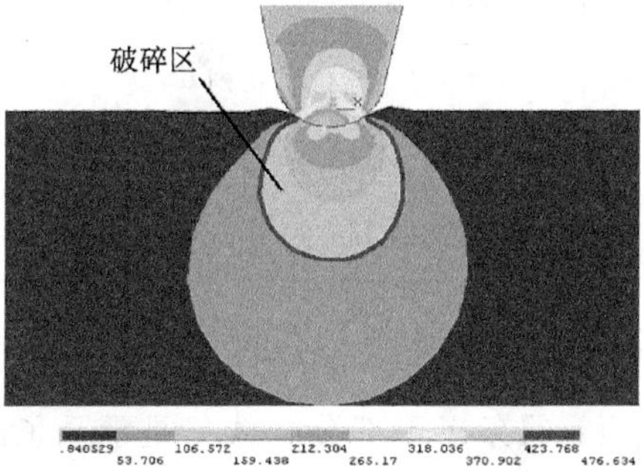

图 5-15　片麻岩样本破岩应力分布图

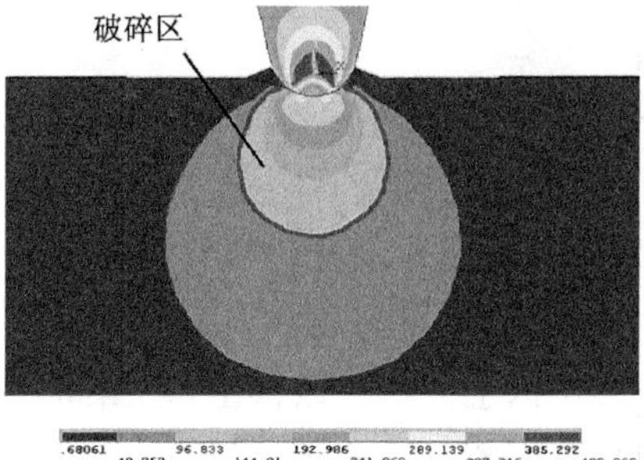

图 5-16　片岩样本破岩应力分布图

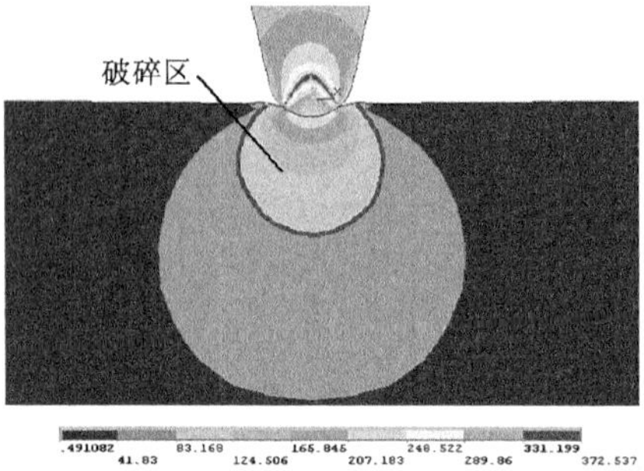

图 5-17 硬砂岩样本破岩应力分布图

表 5-6 岩石物理参数

名称	密度 /(kg/m³)	弹性模量 /GPa	泊松比	抗压强度 /MPa	抗拉强度 /MPa
大理岩	2 600～2 900	9.62～74.83	0.19～0.29	100～250	7～20
片麻岩	2 400～2 900	30.3～66	0.21	74.6～101	26～31
片岩	1 500	51.02	0.19～0.23	75.1	—
硬砂岩	1 900	15.4～29.2	0.16	57.7	15～25

通过仿真得出，图中粗线条以上部分岩体所受应力大于该种岩石样本的峰值荷载，即发生破碎，而粗线条以下部分岩体只是承受了滚刀压向岩体时的部分冲击，未发生破碎。由岩石样本应力分布图可以看出，在相同的贯入度作用下，四种不同种类岩石样本破碎区域不同，岩石样本强度越大破碎区域越小。大理岩强度相对其他三种岩石样本强度较大，故破碎区域相对其他三种岩石样本破碎区域较小。

另外，由图 5-14～图 5-17 可以分别得出：滚刀切割大理岩样本的过程中滚刀表面所受最大应力值约为 34.7 MPa，滚刀切割片麻岩样本的过程中滚刀表面所受最大应力值约为 31.8 MPa，滚刀切割片岩样本的过程中滚刀表面所受最大应力值约为 28.9 MPa，滚刀切割硬砂岩样本的过程中滚刀表面所受最大应力值约为 24.8 MPa。由以上分析可以得出，在相同贯入度条件下，随着岩石样本强度的增加，破岩过程中滚刀表面所受的应力值增加。

5.3　滚刀掘进特性实验研究

以下运用本书研制的双滚刀实验台对滚刀在掘进过程中掘进特性及破岩效果等方面进行了实验研究与验证。同时，分别针对上述理论研究，进行了如下验证性实验：① 破岩过程中滚刀振动特性实验研究；② 千枚岩破碎过程中滚刀的受力分析；③ 花岗岩破碎过程实验研究；④ 滚刀对不同岩石样本的适应性实验研究。利用研制的硬岩掘进综合实验台进行双滚刀破岩实验，如图 5-18、图 5-19 所示，分别为实验台实验效果和控制系统实图。

(a) 双滚刀实验台　　(b) 滚刀破岩效果

图 5-18　双滚刀实验台破岩效果图

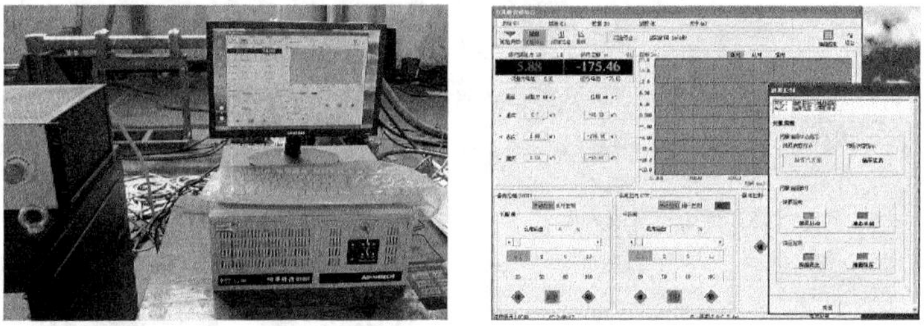

(a) 实验台控制系统　　(b) 实验台控制系统操作界面

图 5-19　实验台控制系统

5.3.1　实验检测设备

(1) 滚刀振动实验检测设备

为完成上述多项实验验证以及获取准确的实验数据，以下利用振动信号采集分析仪对实验台双滚刀破岩振动进行实验分析。用该设备对双滚刀破岩过程中岩石样本破碎对刀具振动产生的影响进行实时监控，设备如图 5-20 所示。

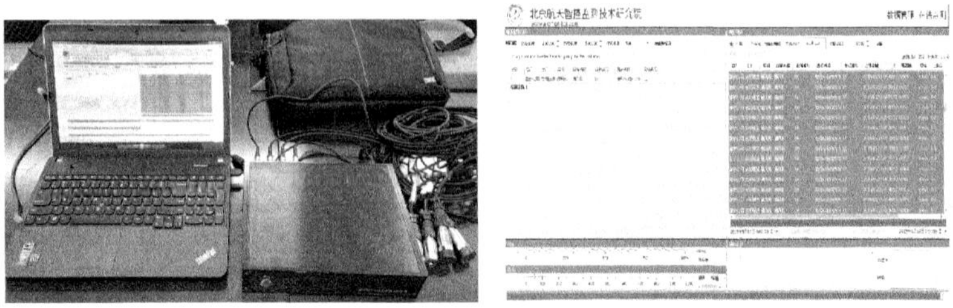

(a) 振动采集分析系统　　(b) 采集仪软件控制界面

图 5-20　振动信号采集分析仪

(2) 滚刀受力实验监测设备

在滚刀破岩实验过程中，受力分析与监测是所有实验数据中的一项重要指标。通过实验验证滚刀破岩过程的力学特征，是对上述滚刀破岩仿真结果及所建立的力学模型的有效验证，也是对滚刀进行力学分析的有效实验手段。本书利用 KISTLER 公司生产的平面测力仪及三项旋转测力仪对滚刀受力情况进行了实验分析，同时为完成测试工作制作了特定的安装卡具。仪器设备与卡具如图 5-21 所示。

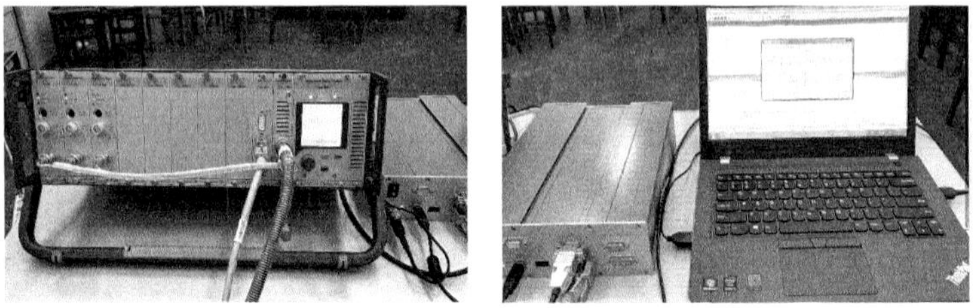

(a) 信号采集放大器　　(b) 数据采集分析系统

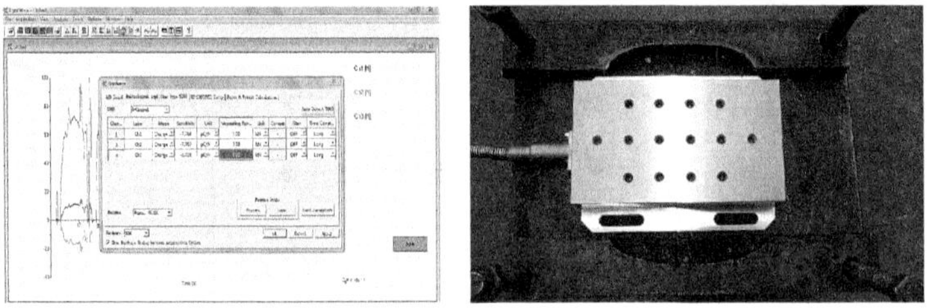

(c) 软件操作界面　　(d) 卡具及安装平台

图 5-21　平面测力仪及安装卡具

由于滚刀破岩过程中主要是通过滚压对岩石样本造成冲击与破碎，因此利用三项旋转测力仪对滚刀破岩过程进行实施检测，能够更加真实准确地获得滚刀受力实验数据。用于测量滚刀破岩的三项旋转测力仪如图 5-22 所示。

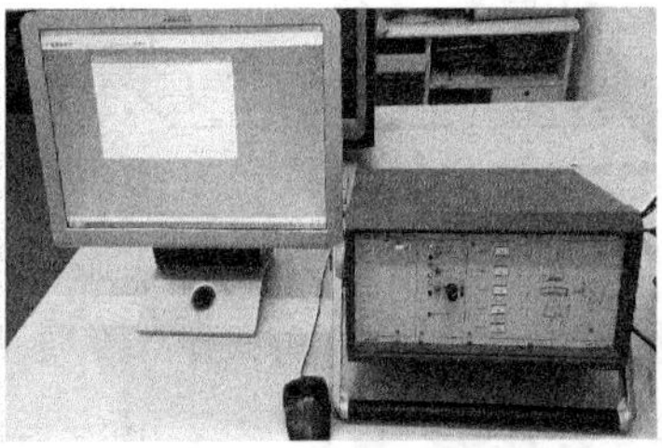

(a) 数据采集控制系统

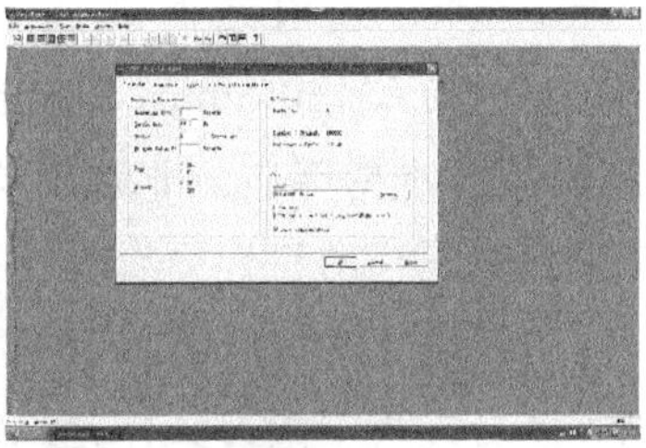

(b) 软件操作界面

(c) 安装卡具

图 5-22　旋转测力仪及安装卡具

(3) 扫描实验监测设备

滚刀破岩过程中，滚刀对岩石样本的贯入度是一项重要破岩参数，通过上述理论分析得出贯入度的大小与岩石样本破碎程度、滚刀受力都有一定的对应关系。为了研究贯入度对滚刀破岩的影响，验证滚刀贯入度理论研究结果的正确性，通过 EXAscan 手持式三维扫描仪对滚刀切割后的岩石样本进行扫描与检测，获得岩石样本破碎深度相关实验数据，设备如图 5-23 所示。

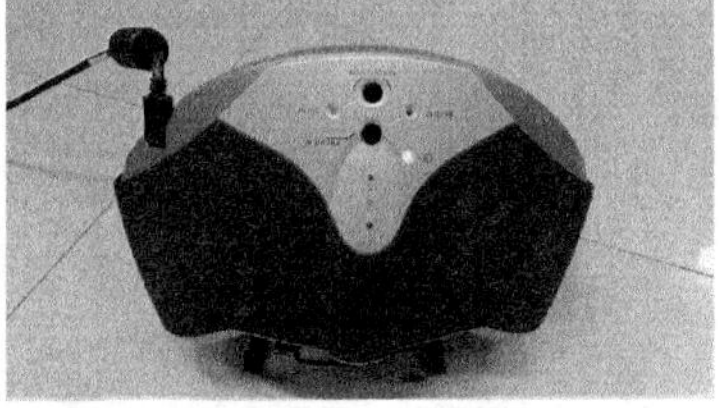

(a) 三维扫描仪主机设备

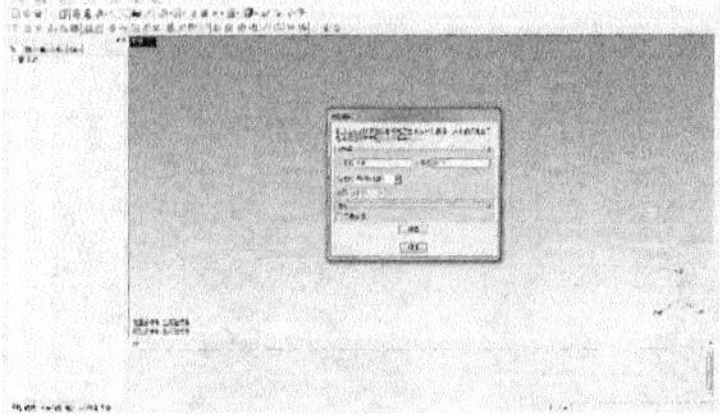

(b) 扫描仪控制软件

图 5-23　三维扫描仪

5.3.2 滚刀振动特性实验研究

仍以 17 inch 滚刀为例,首先利用实验台进行滚刀切割岩石样本的振动特性实验。实验样岩选取辽西北质地花岗片麻混合岩 GB1362,其尺寸为 1 500 mm×800 mm×400 mm,其参数如表 5-7 所示。由于花岗片麻混合岩属于混合岩,岩石样本内部质地非常不均匀,易造成滚动破岩过程中的振动。因此利用花岗片麻混合的特性更有助于分析实验台是否会产生共振乃至刀具失效现象。实验样岩直接放入试件台内,样岩在无初始应力条件下完成滚刀对其被动切割。破岩过程中滚刀具体施工参数为:滚刀贯入度为 5 mm/r,滚刀滚压速度为 1.5 m/s,双滚刀水平向间距为 40 mm,双滚刀横向间距为 160 mm。

表 5-7 花岗片麻混合岩材料参数

密度 /(kg/m^3)	抗压强度 /MPa	抗拉强度 /MPa	弹性模量 /MPa	泊松比
2 780	213.6	—	68 800	0.31

利用振动信号采集分析仪分别对双滚刀实验台前后两把滚刀进行切割花岗片麻岩振动实验,每把滚刀设定两个检测通道。图 5-24 所示为前滚刀两个检测通道得出的滚刀振动情况。图 5-25 所示为后滚刀两个检测通道得出的滚刀振动情况。

这种现象产生的主要原因是由于滚刀在切割岩石样本过程中由滚刀与岩石样本发生直接接触并破岩。岩石样本属硬脆性材料,对滚刀造成的振动冲击和应力作用,且岩石样本对滚刀造成的冲击力较大且不稳定,导致滚刀振动幅值产生非线性变化,但通过实验证明滚刀在切割过程中并未发生共振现象,可以进行相关实验研究。

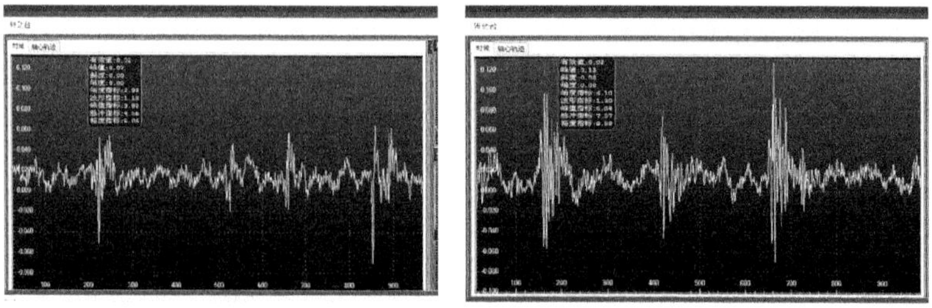

(a) 1 通道检测结果　　(b) 2 通道检测结果

图 5-24 前滚刀振动情况

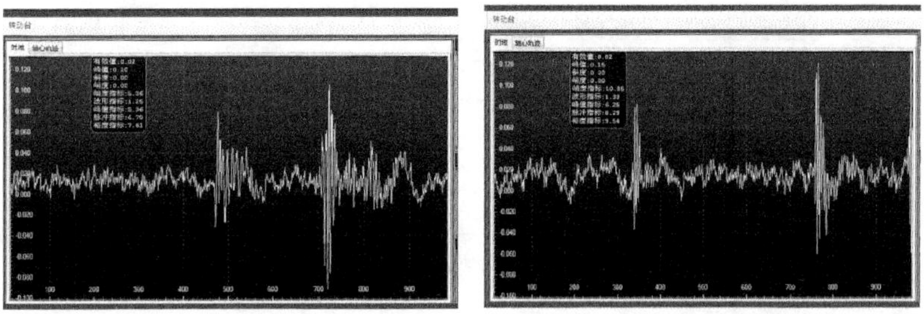

(a) 1 通道检测结果　　　　(b) 2 通道检测结果

图 5-25　后滚刀振动情况

5.3.3　千枚岩破碎过程滚刀受力分析

为进一步分析破岩过程中滚刀受力情况，并对理论分析结果进行验证，利用研制的装置对千枚岩进行单滚刀破岩实验研究。实验样岩为粉砂质沉积千枚岩 PY102，物理参数如表 5-4 所示。样岩尺寸为 1 500 mm×800 mm×400 mm，在无初始应力条件下完成滚刀对其的被动切割。破岩过程中实验台单滚刀滚压速度为 1.5 m/s。

本次实验设定滚刀贯入度分别在 10 mm/r 和 15 mm/r 时，平面测力仪测量滚刀切割千枚岩的受力变化情况。设定滚刀贯入度为 10 mm/r 时，平面仪测量滚刀切割千枚岩样本的受力变化情况如图 5-26 所示。设定滚刀贯入度为 15 mm/r 时，平面仪测量滚刀切割千枚岩样本的受力变化情况如图 5-27 所示。经过系统输出的曲线及对多次实验测得的数据进行整理，总结出双滚刀实验台在切割千枚岩样本过程中，滚刀平均受力曲线如图 5-28 所示。

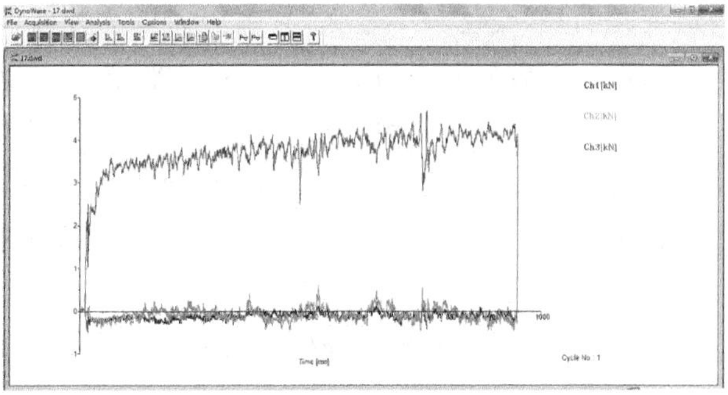

图 5-26　贯入度为 10 mm/r 滚刀切割千枚岩受力变化分布

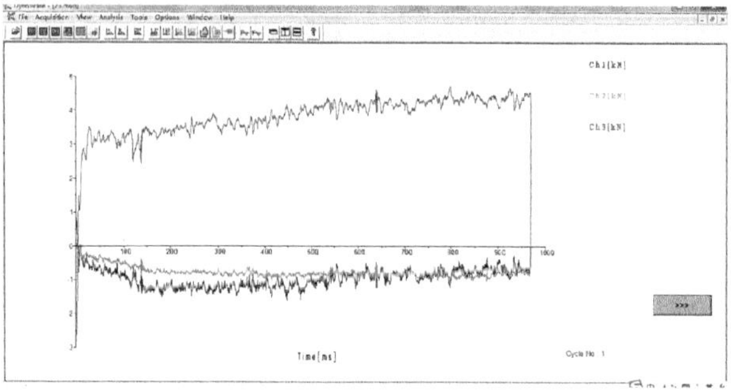

图 5-27　贯入度为 15 mm/r 切割千枚岩受力变化分布

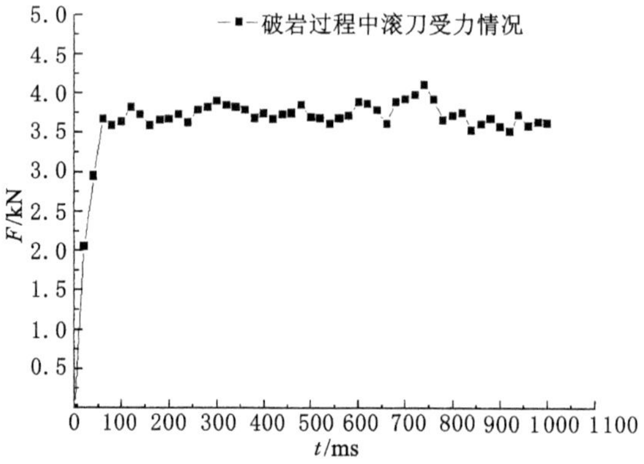

图 5-28　滚刀受力特性曲线

由图 5-28 滚刀受力随时间变化曲线我们可以得出，滚刀受力非常不均匀，破岩过程中由于岩石强度较大且属于硬脆性材料，因此对滚刀产生很大的冲击力，并且冲击力值变化明显，变化频率较大，导致滚刀受力曲线波动明显，使滚刀受力值极不稳定，但达到破岩效果后受力情况趋于平稳，在本实验条件下，滚刀在切割千枚岩样本实验过程中，在滚刀贯入度为 10 mm/r 时，滚刀受力平均值约为 3.71 kN，实验与仿真结果基本吻合。同时，由图 5-26 和图 5-27 可以看出，当滚刀贯入度在 10 mm/r 和 15 mm/r 时分别切割千枚岩样本后，滚力受力情况基本一致。分析可以得出，当滚刀在实现破岩效果后，随着滚刀贯入度增加，滚刀受力增幅减小，这与之前的理论分析结果相一致。

5.3.4 花岗岩破碎过程实验研究

为了了解滚刀受力与贯入度之间的相互关系，下面以芝麻黑花岗岩 G654 为例，进行滚刀切割岩石样本贯入度研究，岩石物理参数如表 5-5 所示。样岩尺寸为 1 500 mm×800 mm×400 mm，无初始应力条件下完成滚刀对其被动切割。破岩过程中实验台单滚刀滚压速度为 1.5 m/s。

本实验在设定滚刀不同贯入度情况下，通过滚刀对花岗岩样本进行切割实验，并利用旋转测力仪对滚刀受力情况进行测量和分析。图 5-29 所示为滚刀贯入度设定在 1.5 mm/r 时利用旋转测力仪得出的受力情况图。并且通过分别设定滚刀贯入度从 0.5 mm/r 增加至 5.0 mm/r 过程中，按 0.5 mm/r 递增得出滚刀在切割花岗岩样本过程中贯入度增加的受力情况，如图 5-30 所示。

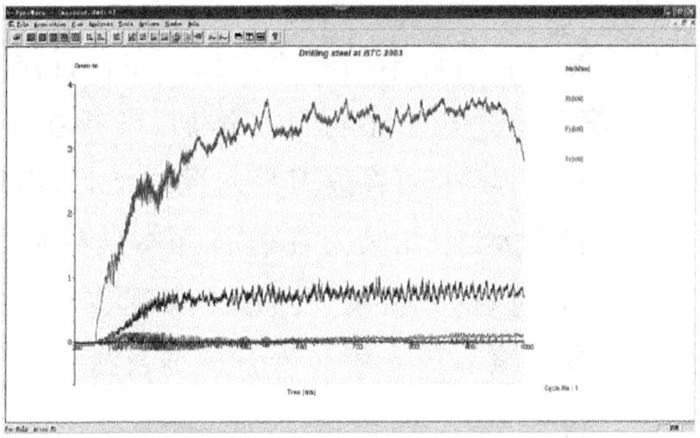

图 5-29　利用三项旋转测力仪对花岗岩进行切割测量实验

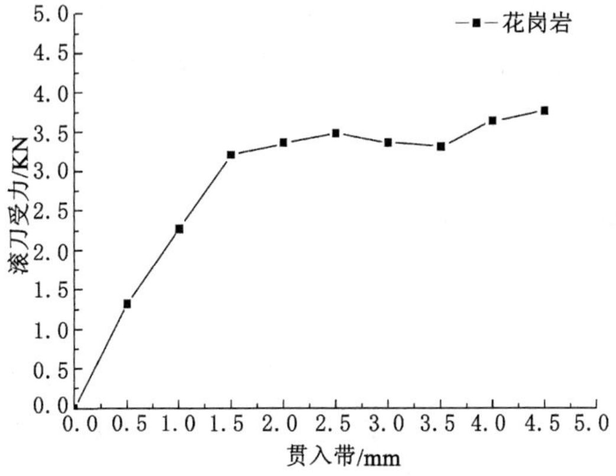

图 5-30　贯入度与受力特性对应关系曲线

通过滚刀切割花岗岩样本实验过程可以看出，当滚刀贯入度达到1.5 mm/r之前，滚刀受力随着贯入的增加大幅度增加，但岩石样本未发生明显破碎现象。当滚刀贯入度超过1.5 mm/r后，花岗岩发生较为明显的破碎现象。由实验结果可以得出，滚刀在切割花岗岩样本过程中，随着贯入度的增加，滚刀受力不断增加。当贯入度大于1.5 mm/r且继续增加时，滚刀受力也相应增加，但增加幅度明显变小。分析上述结果可以得出，在本实验条件下，选取的花岗岩样本的临界贯入度为1.5 mm/r左右，这与之前理论分析结果是基本相同的。

综述两个实验，可以得出包括千枚岩、花岗岩在内的每种岩石样本都存在一个自身的临界贯入度。当滚刀贯入度小于临界贯入度时，岩石样本没有产生破碎只是出现弹性形变。在这一范围内，滚刀贯入度越大，岩石样本弹性变形越大，滚刀受力增加幅值越大。而当贯入度达到临界贯入度时，岩石样本破碎，此时滚刀受力大小几乎等于岩石样本的峰值荷载。在岩石样本破碎情况下，随着贯入度增加，理论上滚刀受力几乎不再继续增加，维持在岩石样本峰值荷载附近。但是由于实际破岩过程中，随着滚刀贯入度增加，岩石样本破碎量变大，破碎过程中释放的破碎能变大，因此滚刀在岩石样本破碎冲击的作用下，受力继续增加，但幅度较小。同时，也分析发现当滚刀实现破岩效果后，在滚刀受力达到峰值载荷后初始阶段的滚刀贯入度与岩石样本自身临界贯入度基本一致。

5.3.5 滚刀对不同岩石样本的适应性研究

为进一步分析滚刀对岩石的适应性，通过实验台分别对大理岩、片麻岩、片岩和硬砂岩四种岩石样本进行破碎实验，并利用实验台内置测力传感器和三维扫描仪对滚刀受力及岩石样本破碎情况进行实际测量，进而分析岩石样本强度、贯入度等因素对滚刀破岩效果的影响。

四种岩石样本分别为大理岩M121、片麻岩GN2051、片岩S1-551、硬砂岩C56，相应的岩石物理参数如表5-6所示。样岩尺寸均为1 500 mm×800 mm×400 mm，无初始应力条件下完成单把滚刀对其被动切割。破岩过程中实验台单滚刀滚压速度为1.5 m/s。

为分析岩石样本强度对滚刀受力影响，实验过程中设定滚刀贯入度均为10 mm/r。图5-31所示为利用实验台内置测力传感器得出的滚刀切割大理岩、片麻岩、片岩、硬砂岩样本的滚刀受力对比。图5-31显示：滚刀在切割岩石样本过程中，受力沿着切割长度基本相等，是波浪形水平线。这主要是由于岩石是脆性材料，滚刀切割时，岩石呈块状脱离，当一小块岩石脱离时，滚刀对岩石的压力略有所降低，当滚刀接触到下一小块岩石时，滚刀对岩石的压力略有上升。这种力的略微降低和升高的现象一直出现在整个切割过程中，使岩石的受力呈波浪水平变化。从图中分析可得，在本实验条件下，滚刀贯入度相同且实现滚刀破岩效果后，滚刀受力随着硬砂岩、片岩、片麻岩到大理石自身抗压强度不断增大，也不断增大。这与之前理论分析得出的在贯入度相同情况下，四种岩石样本的抗压强度越大，滚刀所受应力值越大的结果一致的。而且可以分析得出，在滚刀贯入度相同的情况下，滚刀受力与岩石自身抗压强度呈一定的对应关系，这与之前对上述四种岩石样本仿真分析的结果是一致的。

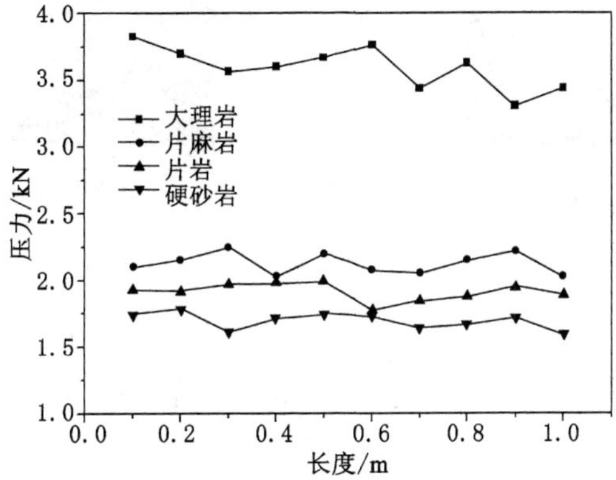

图 5-31　切割过程中滚刀受力大小

为分析滚刀受力对破岩效率的影响，在实验中设定滚刀下压力为 3.5 kN。利用三维扫描仪对大理岩、片麻岩、片岩和硬砂岩四种岩石样本进行破碎实验后贯入度情况进行分析比对，如图 5-32 所示。在岩石样本破碎区域量取十个点，每一点表示滚刀径向的最大切割深度，如图 5-33 所示：沿着滚刀切割方向，贯入度呈波浪形水平线。产生这种现象的原因是，在滚刀以一定载荷作用力切割时，岩石会出现裂纹并呈块状脱离，因为岩石属脆性材料，裂纹扩展的方向与大小并不规律，受力脱落的岩块大小也不均匀，造成岩石表面破碎深度和滚刀贯入度大小不一，导致实验曲线幅值上下波动。由实验分析可得，在本实验条件下，上述四种实验岩石样本特性不同，随着岩石样本抗压强度的增大，滚刀切割岩石样本的贯入度降低。

(a) 大理岩

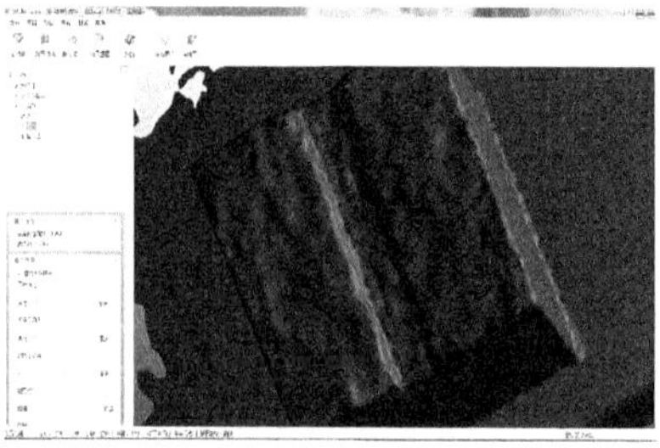

(b) 片麻岩

(c) 片岩

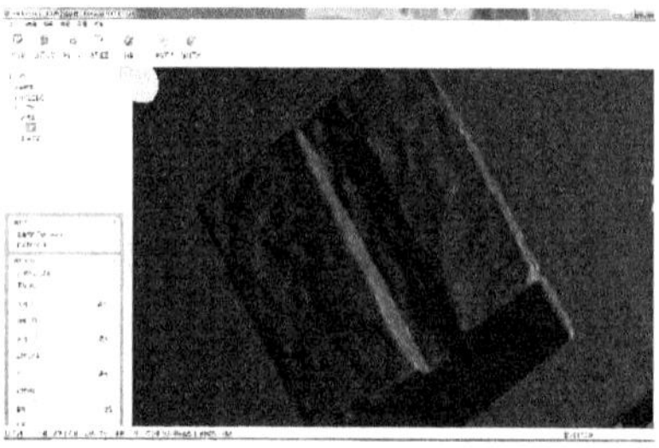

(d) 硬砂岩

图 5-32　滚刀破岩后的三维扫描成像图

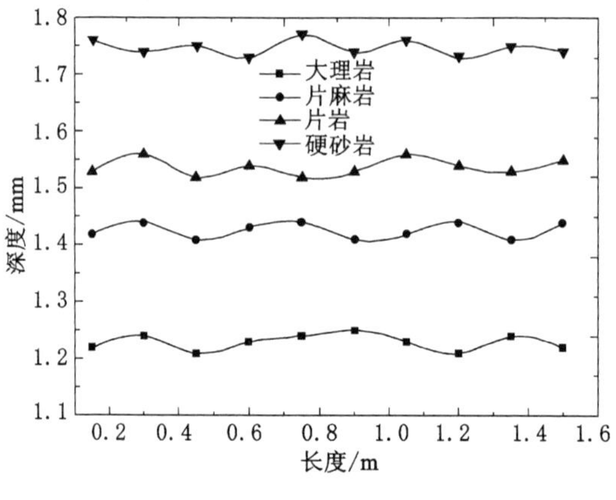

图 5-33　岩石样本的切割深度

通过实验分析可以得出：岩石的临界贯入度是由岩石样本自身属性所决定的，不同种类岩石存在不同的临界贯入度，并且岩石自身的抗压强度与临界贯入度呈对应的关系。岩石抗压强度越大，发生破碎所需的切割力越大。实验结果与上述仿真分析及理论研究的结果相一致，证明了理论的正确性。在本实验条件下，在分析滚刀对大理岩、片麻岩、片岩和硬砂岩四种岩石样本适应性同时，经过实验测量也得出四种岩石样本的临界贯入度大约值，如表5-8所示。

表5-8　岩石样本抗压强度与临界贯入度表

岩石种类	大理岩	片麻岩	片岩	硬砂岩
抗压强度/MPa	100～250	74.6～101	75.1	57.7
临界贯入度/(mm/r)	1.22	1.43	1.52	1.76

5.4　本章小结

本章对滚刀失效形式及原因进行了分析；建立了滚刀破岩过程的力学模型，分析了滚刀掘进过程中的滚刀和岩石样本的受力和变形特点；基于有限元模态分析，对滚刀破岩过程中振动特性进行了研究，模拟了岩石特性对滚刀受力和岩石样本破碎效果的影响；通过实验研究与验证了滚刀破岩振动特性，滚刀对不同岩石样本的适应性，千枚岩及花岗岩的破碎特性等，所得出的具体结论如下：

① 滚刀掘进岩石样本时，有临界贯入度，并且与抗压强度相互对应。低于临界贯入度时，滚刀和岩石样本的接触应力会低于岩石样本的抗压强度，岩石样本只能发生弹性形变；高于临界贯入度时，会在岩石样本中形成破碎区。

② 滚刀掘进产生的振动频率要远远低于系统的固有振动频率，则系统不会发生共振现象。

③ 岩石样本抗压强度越高，岩石样本和滚刀系统的应力越大，在岩石样本中形成的破碎区体积越小。

④ 滚刀在切割岩石样本时，由于滚刀破岩是小块状切割，岩石样本反作用到滚刀上的力和岩石样本的贯入度沿着切割方向呈波浪形水平线，平均值不变；滚刀施加给岩石样本的切割力增大时，同种岩石样本的贯入度和破碎区体积增大；相同切割力时，随着岩石样本抗压强度的增大，岩石样本的贯入度和破碎区的体积减小。

第6章 刀盘受力及其对地质适应性分析

刀盘是全断面硬岩掘进机刀具系统的主要部件之一，是所有破岩刀具的安装载体。在掘进过程中可能遇到不同地质条件，加之施工控制参数的影响，刀盘所受到载荷是典型的随机载荷。因此，刀盘应当具有足够的强度和刚度，这样才能承受切削破岩时所受到的随机冲击载荷。本章主要对刀盘进行力学分析，从建立刀盘力学模型的角度，对刀盘实际破岩过程进行仿真与分析，找出并确定影响刀盘振动与损坏的主要因素，并对滚刀在刀盘上的布置进行研究。

6.1 刀盘结构

刀盘直径尺寸从几米到十几米之间，尺寸巨大。全断面硬岩掘进机在施工过程中，刀盘随着掘进机沿着刀盘的轴线方向向前作直线运动，同时又环绕自身轴线作顺时针旋转运动，其运动轨迹是螺旋线形轨迹[103]。

刀盘一般为整体的钢结构焊接件，刀盘结构如图 6-1 所示。辐条和辐板可视为刀盘的骨架，其上布置安装破岩的刀具，并为刀具切削破岩提供支撑力。刀箱通过焊接或螺栓连接的方式安装在刀盘上，用于刀具的安装。箱体一般为

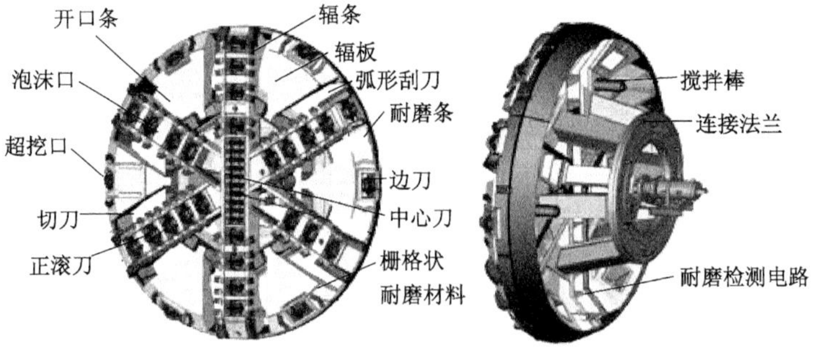

图 6-1 刀盘结构

铸件焊接于辐条辐板上，将刀盘推力和扭矩传递给滚刀。耐磨条分布焊接在刀盘外缘上，以减小刀盘外围的磨损。开口槽用于增加被切削下来的岩土的流动性，以保证刀盘正常运转。泡沫管焊接在辐条内侧，为泡沫流过刀盘，喷溅到待开挖地层表面提供通道。栅格状耐磨材料焊接在刀盘边缘滚刀安装部位，用于减小刀箱和刀盘结构的磨损[104]。

6.2　刀盘性能的理论分析模型

6.2.1　刀盘受力分析

刀盘载荷可分为垂直于刀盘的推力和克服四周围岩摩擦力的扭矩两部分，示意图如图 6-2 所示。

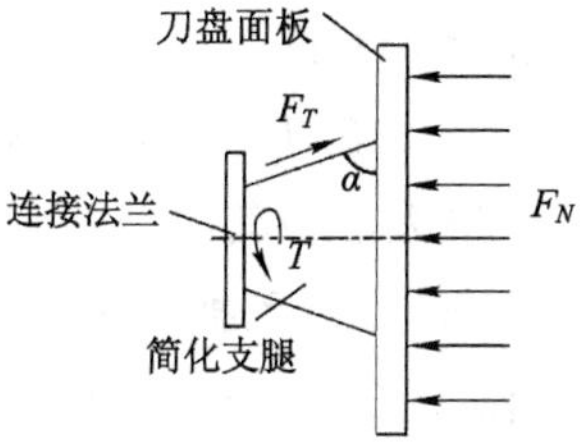

图 6-2　刀盘受力和扭矩简图

虽然刀盘在施工过程中的受力状况很复杂，但通过全断面硬岩掘进机的工作方式及运动形式，刀盘上的载荷总体可分为沿掘进方向的轴向力和与刀盘旋转方向相切的等效周向力两部分。刀盘驱动系统提供的扭矩应与刀盘等效周向力与刀盘中心距离的乘积相等[105]。即：

$$\sum_{i=1}^{n} F_{Ti} R_i = T \tag{6-1}$$

式中　F_{Ti}——侧向力的第 i 个分量；

R_i——第 i 个侧向力与刀盘的旋转中心的距离；

T——刀盘所受扭矩的大小。

全断面硬岩掘进机在工作过程中，刀盘首先受到推进系统通过支撑架传递的推进力，掘进机正常工作条件是：推进系统提供的推力须大于前方阻力的总和。全断面硬岩掘进机掘进过程中产生的阻力主要由以下几个方面组成：

① 与四周围岩间的摩擦力(F_1);

② 刀盘推进时在刀具刀刃侵入岩体时产生的贯入阻力(F_2);

③ 破岩时刀盘承受的推进阻力(F_3);

④ 转向阻力(F_4);

⑤ 盾尾与管片衬砌间的摩擦力(F_5);

⑥ 牵引后方台车阻力(F_6);

则总推力可表示为:

$$F = \sum F = F_1 + F_2 + F_3 + F_4 + F_5 + F_6 \tag{6-2}$$

以上提到的各种阻力大小将受到施工掘进机的长度、直径、质量、施工参数、开挖底层地质情况及不同地层间的摩擦系数等影响。掌握影响施工的各种因素,将有利于减小掘进阻力,有助于提高掘进机破岩效率及使用寿命。同时依据实际地质情况、滚刀数量、每把盘形滚刀的承载力对刀盘推力做出快速估算。刀盘推力的计算公式可表示如下:

刀盘推力=(中心刀+正滚刀+边滚刀)数量×承载力/把

刀盘掘进时能承受的最大推力由与其组合的盘形滚刀的规格和数量决定,当刀盘上盘形滚刀的安装数量确定后,各把盘形滚刀的承载能力越大,刀盘刀具系统的总推力也越大;盘形滚刀所能达到的承载力受到刀圈断面形状、材质、热处理、轴承、安装空间和质量等各方面因素的影响,目前 17 inch 滚刀较为成熟,可实现 250 kN/把的推力。如果刀盘共安装 40 把 17 inch 滚刀,刀盘最大承载能力在 13 000 kN 左右。

刀盘破岩所需扭矩 T 可由掘进机施工形式、掘进机刀盘尺寸、地下施工隧洞围岩条件及掘进机结构等因素决定,扭矩 T 一般可由以下几部分组成:

① 切削岩土所需的扭矩(T_1);

② 刀盘刀具与岩土摩擦产生的扭矩(T_2);

③ 因刀盘旋转搅拌渣土产生阻力所需的扭矩(T_3);

④ 轴承阻力所引起的扭矩(T_4);

⑤ 密封摩擦阻力所产生的扭矩(T_5);

⑥ 驱动减速器机构机械效率损失阻力所产生的扭矩(T_6)。

则刀盘总扭矩可表示为:

$$T = \sum T = T_1 + T_2 + T_3 + T_4 + T_5 + T_6 \tag{6-3}$$

通常为了计算简便,可根据经验公式计算扭矩。

$$T=S\times D^2(\text{kN}\cdot\text{m}) \tag{6-4}$$

式中，S 为扭矩系数，一般选定为 60 左右；D 为刀盘直径，m。

6.2.2　刀盘强度模型

刀盘的强度设计准则指刀盘的结构设计满足刀盘处于工作状态时结构强度的要求，在正常工况下刀盘结构不会遭到破坏。

刀盘在工作时所受的最大应力与安全系数的乘积应小于刀盘材料的屈服极限，可用式(6-5)进行校核。

$$\sigma_{max}\times k\leqslant[\sigma] \tag{6-5}$$

式中　σ_{max}——刀盘所受的最大应力；

k——安全系数，此处取 2.0；

$[\sigma]$——刀盘材料的许用应力。

虽然刀盘在施工过程中的受力状况很复杂，但通过全断面硬岩掘进机的工作方式及运动形式，刀盘上的载荷总体可分为沿掘进方向的轴向力和刀盘旋转方向侧向力两部分。刀盘驱动系统提供的扭矩应等于刀盘旋转方向侧向力与刀盘中心距离的乘积，见(6-1)式。

驱动系统提供的扭矩通过连接法兰传递到刀盘面板上，若支腿与刀盘面板的连接位置距刀盘中心的距离为 R_1，连接处的等效侧向力为 F'_{T1}；与掘进机主轴承的连接位置距刀盘中心的距离为 R_2，连接处的等效侧向力为 F'_{T2}；则：

$$nF'_{T1}\times R_1=T \tag{6-6}$$

$$nF'_{T2}\times R_2=T \tag{6-7}$$

由于 $R_1>R_2$，而驱动系统提供的扭矩是相同的，故 $F'_{T1}<F'_{T2}$。

由力的传递性可知，由全断面硬岩掘进机液压支撑装置提供的推进力通过连接法兰传递到刀盘上，且与滚刀破坏前方岩体所需的力 F_N 相等，由于刀盘结构为对称结构，因此可得：

$$nF'_N=F_N/\sin\alpha \tag{6-8}$$

式中　F'_N——连接法兰每个支腿所受的轴向力；

n——刀盘连接法兰上支腿数量；

α——刀盘面板与刀盘推进方向的夹角。

由式(6-1)和式(6-6)～式(6-8)可得：

$$F_1=\sqrt{F'^2_N+F'^2_{T1}}=\sqrt{\left(\frac{F}{n\times\sin\alpha}\right)^2+\left(\frac{T}{n\times R_1}\right)^2} \tag{6-9}$$

$$F_2 = \sqrt{F_N'^2 + F_{T2}'^2} = \sqrt{\left(\frac{F}{n \times \sin\alpha}\right)^2 + \left(\frac{T}{n \times R_2}\right)^2} \tag{6-10}$$

式中　F_1——支腿与刀盘连接处的受力大小；

F_2——支腿与法兰连接处的受力大小。

将刀盘面板与连接法兰焊接后视为一个整体结构，在该结构中最大受力部位应出现在刀盘面板与支腿的焊接处或是支腿与连接法兰的焊接处。根据刀盘设计的强度准则，只需将结构中最大应力与刀盘材料的屈服极限进行比较取最大值，再将最大值乘上安全系数就可以得到刀盘的强度。

$$F_{max} = \max(F_1, F_2) \tag{6-11}$$

$$\sigma = \frac{F_{max}}{S} = \frac{\sqrt{\left(\frac{F}{n \times \sin\alpha}\right)^2 + \left(\frac{T}{n \times R}\right)^2}}{S} \tag{6-12}$$

式中　σ——连接法兰与支腿连接处的应力；

F——刀盘的法向力；

T——刀盘扭矩；

S——连接法兰与支腿连接处的接触面积；

R——F_{max}与刀盘中心的距离。

6.2.3　刀盘刚度模型

刚度是指零件在载荷作用下抵抗弹性变形的能力。对于刀盘来说，刀盘的刚度是指刀盘处于工作状态时，在轴线方向上的变形量保持在规定范围内的能力。如果在破岩时，刀盘的变形量过大，就可能使刀盘发生不可逆的塑性变形，进而导致刀盘遭到破坏。由于对刀盘的所有部位进行强度分析十分困难，因此，对刀盘可能出现最大应力的位置进行研究即可，在刀盘强度满足要求的基础上，再对刀盘的刚度进行校核，以达到符合刚度要求的目的。工程实际中刀盘因刚度不满足要求而失效的情况并不常见，这是因为刀盘的主体结构一般为框架式结构，设计时已经充分的考虑了刚度要求。目前，刀盘结构一般采用主副梁结构，其结构简洁、刀架轻巧、刀盘面板大、便于刀具的布置，盘体的结构有利于提高岩土的流动性，刀盘主副梁结构如图 6-3 所示。

从刀盘受力情况来看，主梁主要承受掘进方向上的阻力、刀具破岩时的贯入阻力、副梁通过筋板传递的支撑反力以及切削前方岩土所需的剪切力、切削刀具的反作用力、刀盘内充满渣土时旋转而产生的摩擦阻力等。前三种力使主梁产生与掘进方向相反的弯矩，后三种力使其产生与刀盘旋转方向相反的扭矩，故主梁的整体变形是弯扭变形的矢量之和。由于主梁在纵向截面的抗弯模数非常大，对由扭矩产生的变形可以忽略不计，故主要进行弯矩计算。

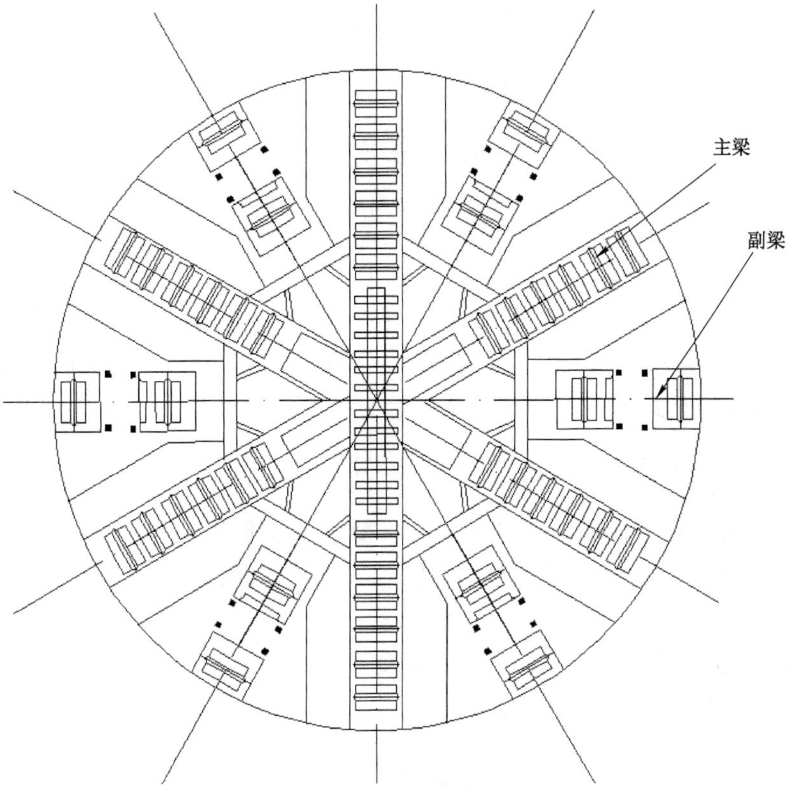

图 6-3　刀盘主副梁结构图

以下内容对主梁受力模型进行分析，主梁产生的变形是由其上正面均布载荷和集中载荷共同作用引起的。在正面均布载荷的作用下的挠度为：

$$\omega_q = -\frac{q(5l+l_1)^4}{8EI} \tag{6-13}$$

式中　ω_q——主梁在正面均布载荷作用下的挠度；

q——主梁所受正面均布载荷的集度；

E——主梁材料的弹性模量；

I——主梁的惯性矩。

固定铰支座的安装位置为支腿的安装位置，刀盘由在支座右端六个集中力作用下产生的变形为：

$$\omega_{F1}=-\frac{Fl^3}{3EI} \tag{6-14}$$

$$\omega_{F2l}=-\frac{F(2l)^3}{3EI} \tag{6-15}$$

$$\omega_{F3l}=-\frac{F(3l)^3}{3EI} \tag{6-16}$$

$$\omega_{F4l}=-\frac{F(4l)^3}{3EI} \tag{6-17}$$

$$\omega_{F5l}=-\frac{F(5l)^3}{3EI} \tag{6-18}$$

$$\omega_{FL}=-\frac{F(5l+l_1)^3}{3EI} \tag{6-19}$$

式中，ω_{F1}、ω_{F2l}、ω_{F3l}、ω_{F4l}、ω_{F5l}、ω_{FL}分别表示主梁在单个集中力作用下的最大挠度。由式(6-13)至式(6-19)可知，主梁的总变形为：

$$\omega=\omega_q+\omega_F=\omega_q+\sum_{i=1}^{5}\omega_{Fil}+\omega_{FL} \tag{6-20}$$

在对刀盘进行设计时，其变形量应该在规定的范围内。刀盘的设计要求硬岩掘进机刀盘的最大变形量不超过刀盘厚度的 3%。即：

$$\omega\leqslant 0.03\delta \tag{6-21}$$

式中　ω——刀盘在其轴线方向上的最大变形量；

δ——刀盘厚度。

6.3 基于有限元的刀盘仿真分析

设刀盘直径为 6.24 m，共安装有 40 把直径为 17 inch(432 mm)的盘形滚刀。刀盘主体为条形钢板焊接结构，其主要材料为 Q345 低合金高强度结构钢板，该种类型钢板厚度主要有三种：30 mm、60 mm、和 85 mm。钢材 Q345 属于低碳合金钢，其材质的主要组成成分及比例与 16Mn 合金钢基本相同，但力学性能要远远优于 16Mn 合金钢。在材料属性设置中，依据刀盘长度单位毫米(mm)和实际材料属性，弹性模量取值为 206 GPa，泊松比取值为 0.3。

刀盘仿真及划分网格过程中对滚刀、滚刀槽、刀盘条幅及焊接接缝处进行了局部细化，使关键复杂部位的分析结果更加精确。以 6 面体为网格单元体，划分后单元总数达到 217 831 个，如图 6-4 所示。

图 6-4　刀盘有限元模型

全断面硬岩掘进机在破岩过程中，刀盘主要受到来自岩体的掘进阻力，包括：正面垂压力、沿滚刀边缘的切线与滚刀方向反向的阻碍力和滚刀随刀盘旋转过程形成的反离心力。本次仿真过程假设刀盘正面垂直力是均匀分布的，滚刀滚动力的阻碍力也是线性均匀的，由于离心力引起的破岩轨迹法向反作用力数值较小，与其他两个力不在一个数量级上，因此本次仿真忽略不计。

为了实现真实模拟掘进机实际施工状况，在刀盘破岩仿真过程中对刀盘施加的掘进推力分别设为：10 000 kN、15 000 kN、20 000 kN；施加在滚刀槽上的滚刀运动阻力设置为：12 MPa、17 MPa、21 MPa；离心力约为垂直力的十分之一，因此在每个滚刀槽侧面上施加的载荷约为：1.2 MPa、1.7 MPa、2.1 MPa。其他参数如表 6-1 所示。

表 6-1　刀盘几何和物理参数表

刀盘直径 /m	刀盘厚度 /m	法兰盘直径 /m	刀盘开口宽度 /m	法兰盘厚度 /m	刀盘材料	弹性模量 /GPa	密度 /(kg/m^3)
6.24	0.45	2.99	0.425	0.13	Q345	206	7850

6.3.1 刀盘应力应变分布

当刀盘掘进推力为 10 000 kN 时的 Vonmises 应力分布如图 6-5(a)所示，总体应变分布如图 6-5(b)所示。当刀盘掘进推力为 15 000 kN 时的 Vonmises 应力分布如图 6-6(a)所示，总体应变分布如图 6-6(b)所示。当刀盘掘进推力为 20 000 kN 时的 Vonmises 应力分布如图 6-7(a)所示，总体应变分布如图 6-7(b)所示。

由上述分析结果可以得出：施加在刀盘表面的载荷不同，刀盘表面应力应变分布情况也不同。从图 6-5～图 6-7 可以看出，刀盘旋转破岩过程中刀盘中心部位应力集中情况比较明显，越靠近刀盘边缘刀盘旋转应力越小；同时随着载荷的增大，刀盘应力也不断增大；当刀盘掘进推力达到 20 000 kN 时，刀盘上的中心滚刀应力可达到 153.31 MPa，小于刀盘的许用应力。刀盘中心产生应力集中现象的原因是：刀盘重心安装的滚刀把数最多，滚刀安装最密集，刀盘上

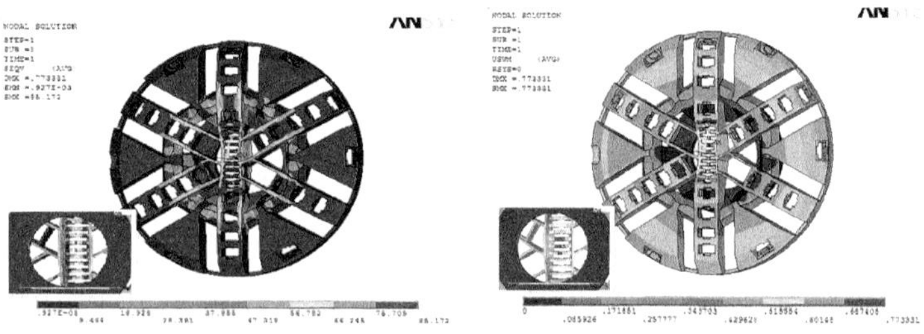

(a) Vonmises 应力分布/MPa (b) 总体应变分布/mm

图 6-5 掘进推力 10 000 kN 时的应力应变分布

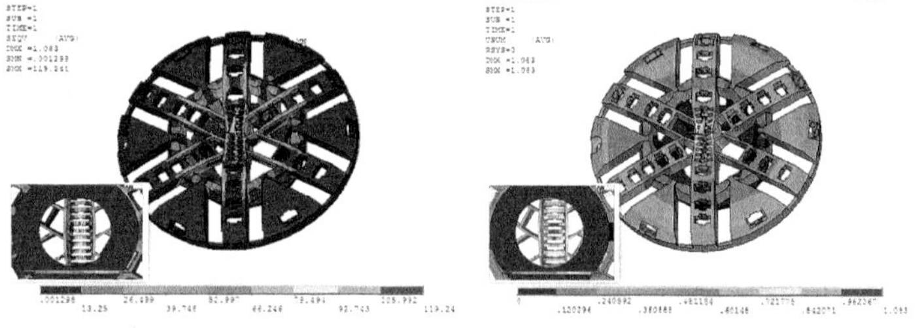

(a) Vonmises 应力分布/MPa (b) 总体应变分布/mm

图 6-6 掘进推力 15 000 kN 时的应力应变分布

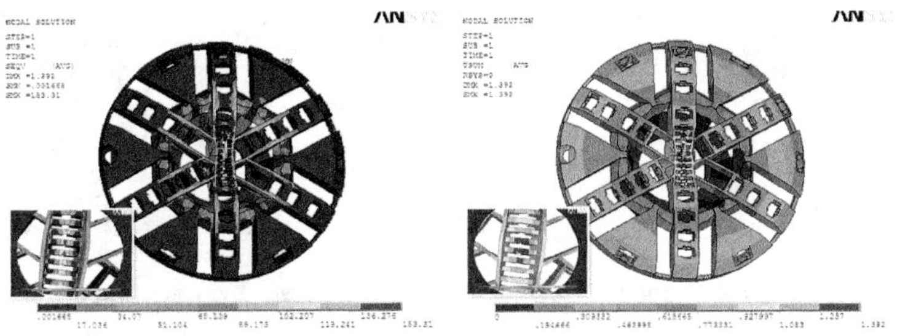

(a) Vonmises 应力分布/MPa　　(b) 总体应变分布/mm

图 6-7　掘进推力 20 000 kN 时的应力应变分布

几乎 50%的滚刀都安装在刀盘中心区域，因此滚刀破岩过程中刀盘中心区域受力较大。

刀盘推进力越大，刀盘上的应力应变分布情况越明显，由上述分析结果可以看出：刀盘中心区域颜色变化最明显，即刀盘发生的位移量最大。当刀盘掘进推力达到 20 000 kN 时，该处产生的最大位移约为 1.392 mm，这是该种型号掘进机刀具系统在正常施工过程中所允许的变形量。根据设计要求可知，刀盘所承受的最大载荷约为 13 000 kN，由仿真结果可知，也符合设计要求。

6.3.2　刀盘模态分析

硬岩隧道掘进机在施工过程中，岩石冲击对刀盘产生的振动对施工及刀盘使用寿命产生很大影响。根据理论分析可知，如果刀盘自身固有频率与滚刀破岩产生的冲击振动频率一致时，就会产生共振现象，这会对施工刀盘造成很大的破坏，严重时会造成掘进停止施工。因此需要对刀盘模态进行分析，避免刀盘施工过程中出现共振现象。

经过有限元模态分析可得刀盘 6 阶模态分析振形图，如图 6-8 所示。

模态振动是常见刚性、弹性结构体整体的、固有的物理特性之一，该物理特性对物体的力学分析具有重要作用。振动模态分析是所有阶数振动分析的线性组合，其中最低阶振幅和最高阶振幅对物体的振动程度影响较大，低阶振幅决定了物体的振动形态。6 阶模态分析结果如表 6-2 所示。

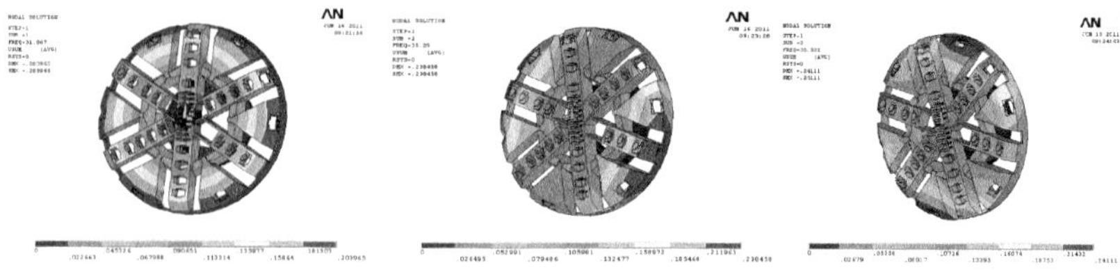

(a) 第 1 阶模态分析振形图　　(b) 第 2 阶模态分析振形图　　(c) 第 3 阶模态分析振形图

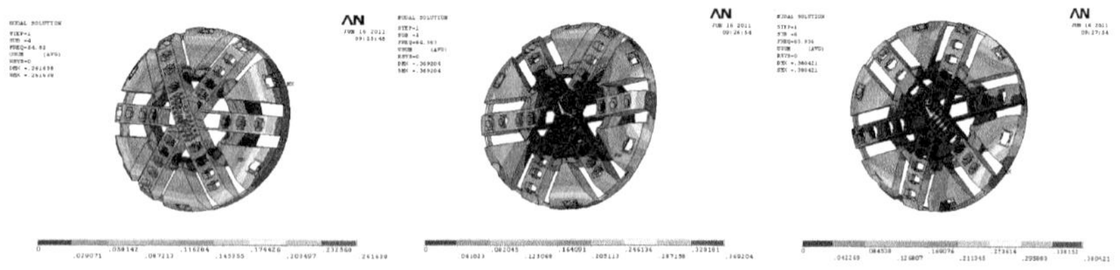

(d) 第 4 阶模态分析振形图　　(e) 第 5 阶模态分析振形图　　(f) 第 6 阶模态分析振形图

图 6-8　各阶模态分析振形图

表 6-2　模态分析结果

阶数	1	2	3	4	5	6
固有频率/Hz	31.067	35.290	35.532	54.820	64.563	64.936

由表 6-2 分析结果可以看出，该型号刀盘的固有频率随阶数的增加而增大，但增加幅度并不大。通过表 6-2 和上述各阶模态分析振形图可以得出：刀盘第一阶频率约为 31.067 Hz，主要为在刀盘幅面的变形和绕刀盘轴向的扭转，其中刀盘边缘有一定的变形，在刀盘边缘出现了最大振幅，约为 0.203 965 mm，振幅从刀盘的边缘至刀盘的中心不断变小；第二阶固有频率约为 35.290 Hz，在这种频率作用下，刀盘主要在刀盘幅面产生变形，刀盘最大振幅处发生弯翘，振幅在靠近刀盘中心区域较大，约为 0.105 981 mm，在边缘处刀盘振幅最大，约为 0.238 458 mm，但最大振幅影响的区域面积较小；第三阶振动频率约为 35.532 Hz，其中最大振幅继续增大，可达到 0.241 11 mm；第四阶振动频率约为 54.520 Hz，在刀盘幅面内产生变形，其中心区域凹翘明显，最大振幅可达到 0.261 638 mm，但整刀最大振幅出现在刀盘边缘处，但区域有一定的改变；第五阶固有频率约为 54.563 Hz，刀盘主要在刀盘幅面内发生变形，

变形区域最大振幅可达到 0.369 240 mm；第六阶固有频率约为 65.936 Hz，刀盘主要在刀盘幅面内发生变形，变形区域最大振幅可达到 0.380 421 mm。

基于刀盘各阶固有频率对刀盘转速进行分析，并带入第 5 章节中的模态速度响应公式(5-9)可以得出，刀盘在第一阶固有频率 31.067 Hz 下，对应的转速约为 23.5 r/min；刀盘在第二阶固有频率 31.067 Hz 下，对应的转速约为 29 r/min。基于大直径刀盘实际施工情况可知，刀盘一般施工转速约为 6 r/min[106]。随着刀盘固有频率的增加，所对应的转速也在增加，其中一阶频率所对应的刀盘转速大于刀盘实际施工转速，因此对已设定刀盘更高阶频率所对应转速的分析显得没有必要，且刀盘不会产生共振。而已知选取刀盘转速为 6 r/min，换算成边刀转速为 56.7 r/min，发现角速度最大的边滚刀的转速低于临界转速，因此刀盘上其他滚刀的转速也低于临界转速，可避开共振区。这说明本次模拟的滚刀在工作过程中不会发生共振现象，正常掘进工作时滚刀振动没有对刀具系统的可靠性产生危害。

第 5 章、第 6 章分别以 17 inch 滚刀和直径 6.24 m 刀盘为例进行模态分析，从滚刀和刀盘固有振动频率角度提出滚刀在刀盘上优化布置合理性的验证方法。以此类推，可分别仿真设定滚刀和刀盘的固有振动，并通过二者之间的角速度关系，对刀盘设计的合理性和滚刀在刀盘上布置优化的合理性进行验证。

6.4　双滚刀破岩理论研究与仿真分析

滚刀在刀盘上的布置对提高刀盘掘进性能、刀具寿命和刀盘大轴承寿命，减轻掘进机振动以及降低噪音具有重要意义。双滚刀破岩是研究滚刀在刀盘上分布的基础，对滚刀在刀盘上的优化布置具有重要作用。在双滚刀破岩过程中，两把滚刀之间的轴向垂直距离即滚刀间距是一项重要的施工参数，直接影响破岩效率。在实际施工过程中，双滚刀破岩最优刀间距涉及滚刀贯入度、滚刀转速、刀刃几何结构以及岩石自身属性特征等多种因素，尤其是滚刀间距与岩石属性对最优刀间距的影响尤为突出。因此研究刀间距与贯入度的耦合关系、分析刀间距与岩石特征的适应性对优化滚刀在刀盘上的布置，提高掘进机破岩效率具有重要的促进作用。

6.4.1 双滚刀破岩受力分析

美国科罗拉多矿业学院的 Levent Ozdemir 等人通过对岩石做大量的线切割实验，于 1977 年和 1979 年提出线切割预测模型。在该模型中，盘形滚刀首先将刀刃下面的岩石压碎，并假定刀刃侧面对岩石作用力的横向分量对相邻滚刀之间的岩脊产生剪切破碎作用，其模型如图 6-9 所示[107]。

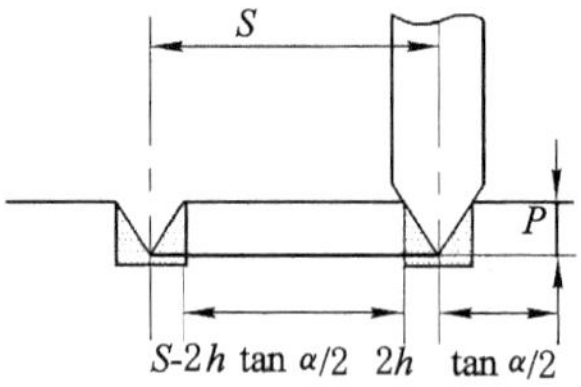

图 6-9 线切割模型图

线切割模型预测的垂直力 F_N 和滚动力 F_R 见式(6-22)和式(6-23)。

$$F_N = D^{0.5} P^{1.5} \left[\frac{4}{3}\sigma_c + 2\tau \left(\frac{S}{P} - 2\tan\frac{\alpha}{2} \right) \right] \tan\frac{\alpha}{2} \tag{6-22}$$

$$F_R = \left[\sigma_c P^2 + \frac{4\tau\varphi\left(S - 2P\tan\frac{\alpha}{2} \right)}{D(\varphi - \sin\varphi\cos\varphi)} \right] \tan\frac{\alpha}{2} \tag{6-23}$$

式中 σ_c——岩石的单轴抗压强度；

τ——岩石抗剪强度；

D——盘形滚刀直径；

P——贯入度；

S——刀间距；

α——刀刃角。

虽然式(6-22)和式(6-23)考虑了刀间距对相邻滚刀破岩的影响，但是并未考虑刃宽因素对滚刀受力的影响，对近似常截面滚刀破岩受力预测存在局限性。科罗拉多矿业学院在线切割模型的基础上，对滚刀破岩进行长期的研究，经过 Sanio(1986)、Satosasba(1991，1993)、Rostami(1991，1993)等人的完善，又提出了一个比较成熟 CSM 预测模型，模型的表达式如下：

$$F_t = \frac{P^0 \varphi R T}{1 + \psi} \tag{6-24}$$

式中 F_t——盘形滚刀受到的合力；

φ——滚刀刀刃与岩石的接触角；

R——盘形滚刀半径；

T——滚刀刀刃宽度；

ψ——滚刀刀尖压力分布系数，随着刃宽减小而增大，一般取－0.2～0.2；

P^0——破碎区压力，与岩石强度、滚刀尺寸、刀刃形状有关。

$$P^0 = C \times \sqrt[3]{\frac{S}{\varphi\sqrt{RT}}\sigma_c^2\sigma_t} \tag{6-25}$$

式中　C——类似于 φ 角的无量纲系数；

S——刀间距；

σ_c——岩石单轴抗压强度；

σ_t——岩石的抗拉强度。

滚刀破岩时的垂直力 F_N 和滚动力 F_R 的计算公式为：

$$F_N = F_t\cos\left(\frac{\varphi}{2}\right) = C \times \frac{\varphi RT}{1+\psi} \times \sqrt[3]{\frac{S}{\varphi\sqrt{RT}}\sigma_c^2\sigma_t} \times \cos\left(\frac{\varphi}{2}\right) \tag{6-26}$$

$$F_R = F_t\sin\left(\frac{\varphi}{2}\right) = C \times \frac{\varphi RT}{1+\psi} \times \sqrt[3]{\frac{S}{\varphi\sqrt{RT}}\sigma_c^2\sigma_t} \times \sin\left(\frac{\varphi}{2}\right) \tag{6-27}$$

6.4.2　仿真模型建立

基于上述理论分析，以大理岩样本为例对双滚刀破岩过程进行计算机仿真，对影响滚刀间距破岩效率的主要因素进行分析。大理岩样本物理特性参数表如表 6-3 所示。

表 6-3　大理岩物理参数

名称	密度/(kg/m³)	弹性模量/GPa	泊松比	抗压强度/MPa	抗拉强度/MPa
大理岩	2 600～2 900	9.62～74.83	0.19～0.29	100～250	7～20

设大理岩冲向滚刀的速度设为 1.5 m/s，因 17 inch 滚刀直径为 432 mm，所以设置滚刀外圈角速度为 6.9 r/s，考虑到滚刀在与岩石接触时并非是纯滚动，所以设角速度为 7 r/s，其中预设岩石模型的几何体积与真实实验岩石尺寸相同，为 1 000 mm×600 mm×H，如图 6-10 所示。

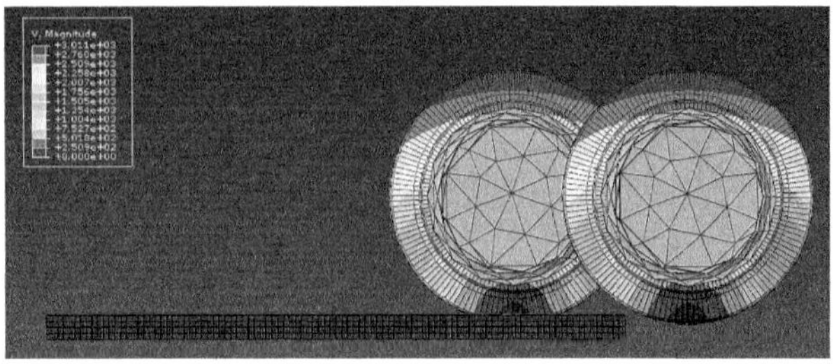

图 6-10　滚刀速度云图(刀圈线速度 1.5 m/s)

6.4.3　基于不同刀间距的岩石破碎分析

为深入研究双滚刀切割大理岩样本过程中滚刀掘进效率和刀间距的关系，在上述建模基础上，设定滚刀贯入度为 10 mm/r 不变情况下，分别选定滚刀间距为 30 mm、40 mm、50 mm、60 mm、70 mm、80 mm 时，对大理岩样本进行双滚刀破岩仿真分析，结果如图 6-11 所示。从图上可以明显看出，在贯入度一定的情况下，滚刀刀间距不同，产生的破岩效果不同。当刀间距大约 50 mm 的一定范围内，破岩量最大。

比能是滚刀破岩的重要衡量指标，为了更好地对滚刀最优刀间距进行研究，首先对比能理论进行介绍。比能表示切削单位岩石体消耗的能量，刀间距增大，刀具的受力也随之增加，刀间距减小，岩石碎片尺寸变小，在恰当处能取到最低的比能。比能在破岩机理中与切削效率有很大关系，其公式为：

$$SE=\frac{F_{mr}L_c}{m_r/p}$$

式中　F_{mr}——破岩时滚刀的平均切向力；

L_c——岩石破岩时滚刀的切削长度；

m_r——破岩时岩石碎片的质量；

p——岩石的密度。

根据有限元及本模型的特点作进一步简化，得：

$$SE=\frac{F_{mr}L_c}{m_r/p}=\frac{F_{mr}L_c}{n_{ce}v_e}$$

式中　n_{ce}——岩石模型中因达到屈服极限消失的单元个数；

v_e——每个岩石模型的单元体积。

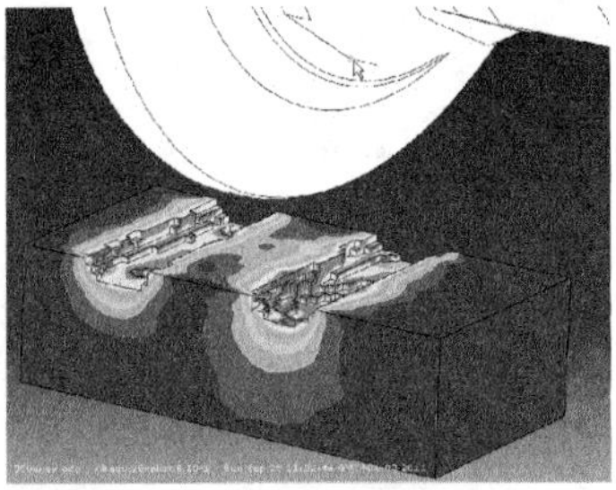

(a) 滚刀间距 80 mm

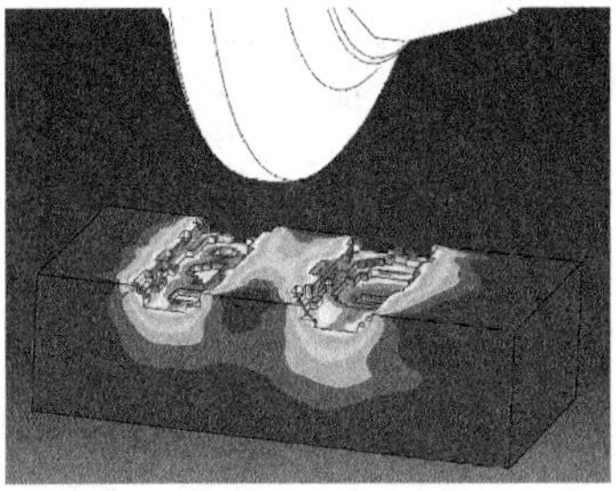

(b) 滚刀间距 70 mm

(c) 滚刀间距 60 mm

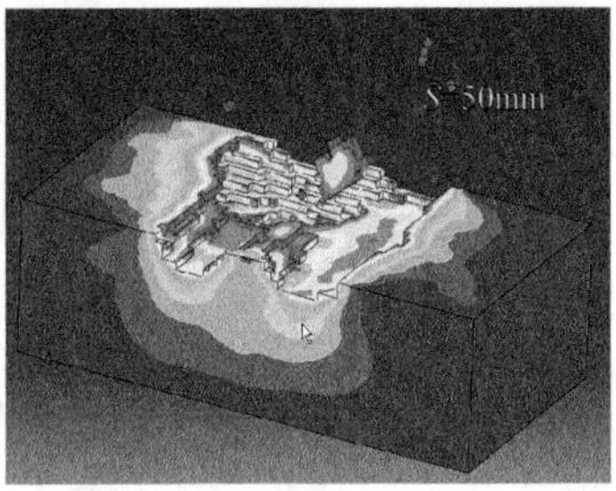

(d) 滚刀间距 50 mm

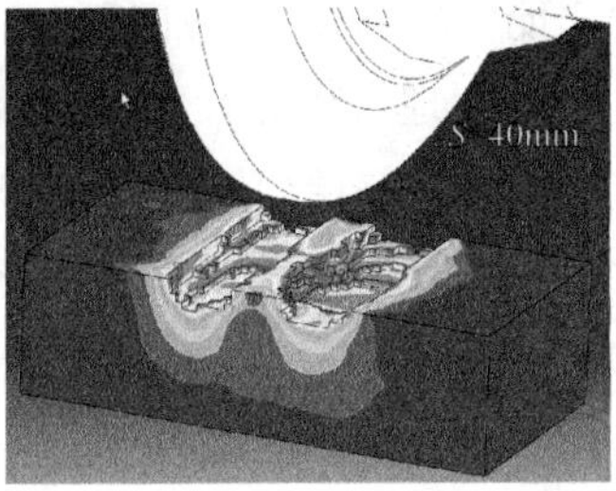

(e) 滚刀间距 40 mm

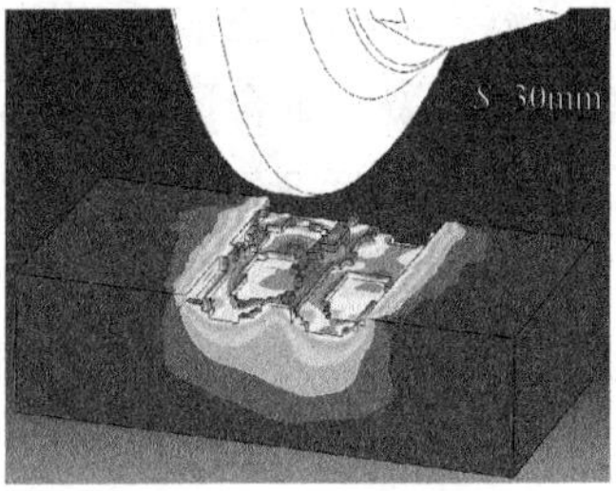

(f) 滚刀间距 30 mm

图 6-11　不同刀间距大理岩的等效塑性应变

假定 L_c 等同于岩石速度方向上的长度，之前已设岩石每 3 mm 设置一个节点，所以岩石模型单元体积为 $v_e = l_e^3$，其中 l_e 是岩石单元的最小长度，则：

$$F_{mr} = \frac{\sum F_{rc}}{N_{ce}}$$

式中　F_{rc}——某一时刻所测得的切向力；

N_{ce}——所测取的次数。

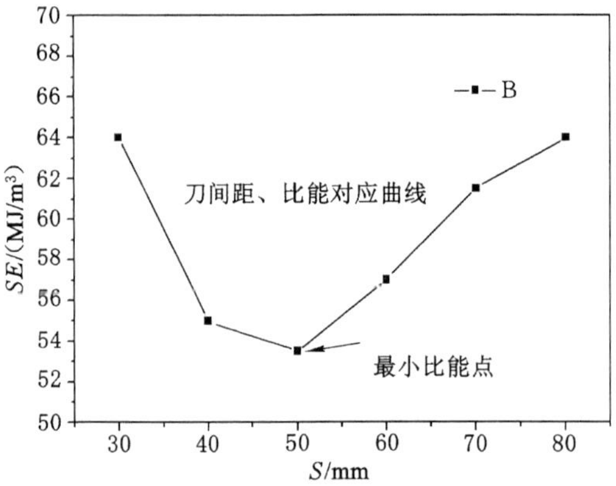

图 6-12　不同刀间距下的大理岩破碎比能 SE

由图 6-12 可以看出，在滚刀切割大理岩深度 P 一定的情况下，随着刀间距 S 增大，比能 SE 先是减小，后增加，说明双滚刀在切割大理岩过程中，在刀间距 40～60 mm 之间存在一个最优比能，并且在这段区域比能 SE 的值随刀间距 S 的值变化敏感。刀间距 $S=30$ mm 时，两把滚刀破岩时的扩展裂纹相互重合，单位体积破岩的能量叠加，所以此时比能 SE 偏大，当刀间距 S 刚开始增大时，每把滚刀扩展裂纹重合区域减少，破碎的大理岩成碎片掉落，单位体积消耗的能量减小，当刀间距 S 继续扩大，两把滚刀扩展裂纹无法使大理岩成块状碎片，比能 SE 再一次增大。综合以上两个因素，滚刀最优刀间距应存在于其破岩量最大和其比能最低的两者之间的重合区间内。

6.5　滚刀间距与岩石特性的关系

6.5.1　双滚刀破岩过程的应力分布

本书第 4 章节的研究中曾提出：滚刀切割岩石样本至其破碎的过程中，岩石样本的临界贯入度与峰值荷载呈对应关系。因此从有限元应力仿真分析得出的岩石样本应力分布图中可以看出，应力值大于抗压强度的区域岩石样本会产生裂纹或破碎，应力值小于抗压强度区域岩石样本不会产生裂纹或破碎。在下面的仿真分析中滚刀贯入度为不变值，在只考虑双滚刀平均受力的情况下，可以仅用最大量破岩的刀间距来代替最优刀间距。并通过不同刀间距双滚刀切割花岗岩、石灰岩、千枚岩、砾岩进行仿真，分析刀间距对破岩效率的影响。

在滚刀贯入度超过临界贯入度实现破岩效果后，通过有限元分析得出上述岩石样本在双滚刀作用下的应力分布图，如图 6-13～图 6-16 所示。图中粗线条为岩石样本峰值荷载等值线，即岩石样本发生破碎的临界值。等值线以上岩石样本受到的应力大于岩石样本本身所承受的峰值荷载，岩石样本发生破碎；等值线外岩石样本受力小于破碎临界值，岩石样本不会破碎。

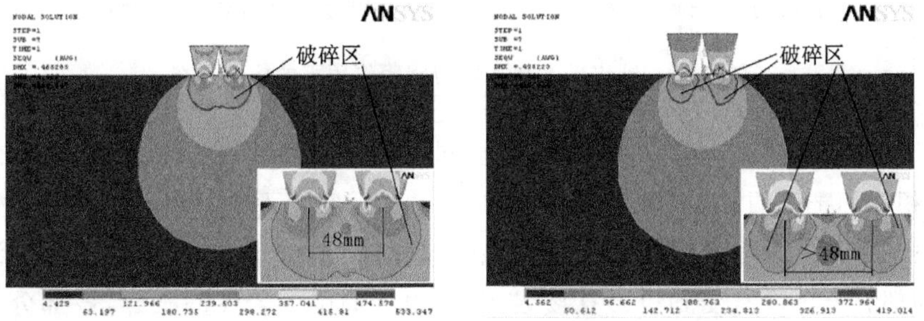

(a)刀间距为48 mm时花岗岩样本应力分布　　(b)刀间距大于48 mm时花岗岩样本应力分布

图 6-13　花岗岩样本在不同刀间距作用下的应力分布

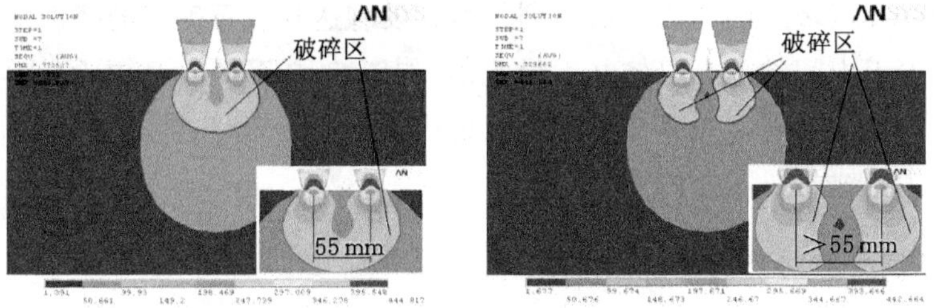

(a)刀间距为 55 mm时石灰岩样本应力分布　　(b)刀间距大于 55 mm时石灰岩样本应力分布

图 6-14　石灰岩样本在不同刀间距作用下的应力分布

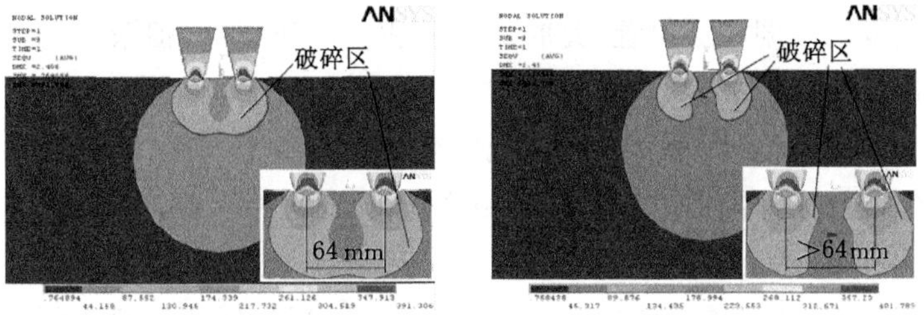

(a)刀间距为 64 mm时千枚岩样本应力分布　　(b)刀间距大于 64 mm时千枚岩样本应力分布

图 6-15　千枚岩样本在不同刀间距作用下的应力分布

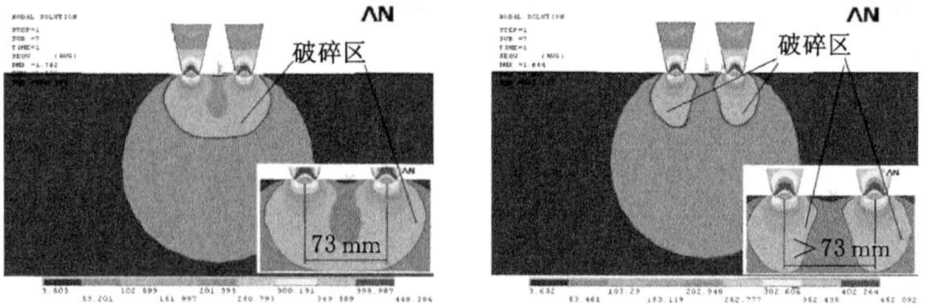

(a)刀间距为 73 mm时砾岩样本应力分布　　(b)刀间距大于 73 mm时砾岩样本应力分布

图 6-16　砾岩样本在不同刀间距作用下的应力分布

由图 6-13 至图 6-16 可以看出，不同类型岩石样本在贯入度一定的前提下，相邻两把滚刀相互作用发生破碎时的最优刀间距不同。当两把滚刀的作用距离小于等于该距离时，两把滚刀的破碎区域会形成一个连通区域，虽然滚刀之间部分岩体没有受到滚刀直接碾压，但由于周围的岩体的破碎，该部分岩体也会被掘进机的刀盘刀具系统剥落下来，如图 6-13 至图 6-16 中的(a)图所示。

若刀间距大于该最优距离时，相邻两把滚刀作用在岩石上，岩石上的破碎区只出现在滚刀侵入岩石部分的正下方，两个破碎区域并无连带关系，两个相对独立的破碎区域之间的岩石所受到的力并没有达到岩石破碎的峰值荷载，故相邻两把滚刀中间的部分岩体并不会脱落，如图 6-13 至图 6-16 中的(b)所示。对比图(a)、图(b)可得，当两把滚刀刀间距达到最优距离时，单位作用力下岩石破碎区域中，破岩效率达到最高[108]。

6.5.2　不同岩石对刀间距适应性

图 6-17 至图 6-20 为上述四种岩石样本的不同切割刀间距与破碎量对应关系曲线，从中可以看出，当相邻两把滚刀的刀间距趋近于零时，即相当于相邻两把滚刀重复碾压同一个位置，此时破碎面积会有所增大，但滚刀的再次滚压更多的作用是使先前破碎的岩块更加粉碎，破岩效率不会提高，故破碎面积只是略大于单把滚刀侵入岩石样本时的破碎面积；随着刀间距的不断增大，岩石样本在相邻两把滚刀间的破碎面积不断增大，但此时相邻两把滚刀的破碎面积会有重叠，在达到最优刀间距之前会有部分破岩能量遭到浪费，相邻滚刀间没有出现连通区域，此时破岩效果并不能达到最优；当相邻两把滚刀的刀间距接近并达到最优刀间距时，相邻滚刀之间的岩石样本开始出现连通区域，当刀间距达到最优间距时，滚刀间的连通区域也达到最大值，即岩体在两把滚刀的作

用下,破碎面积达到最大,此时可使两把滚刀间未受到碾压,使破岩效率达到最高。

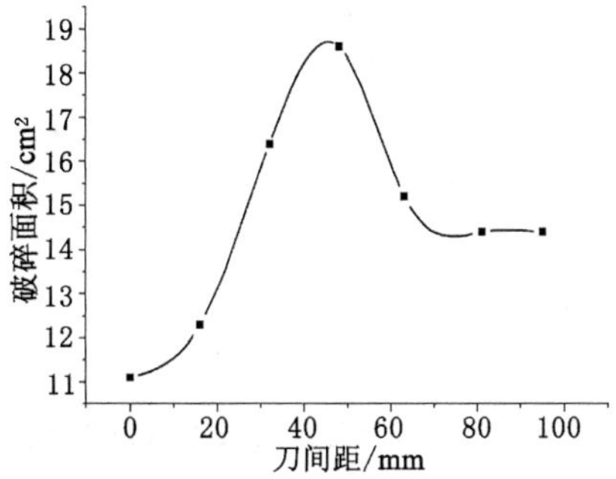

图 6-17　花岗岩刀间距与破碎面积关系图

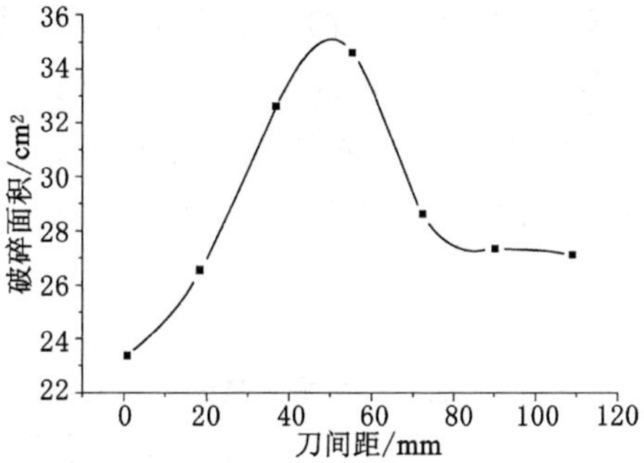

图 6-18　石灰岩刀间距与破碎面积关系图

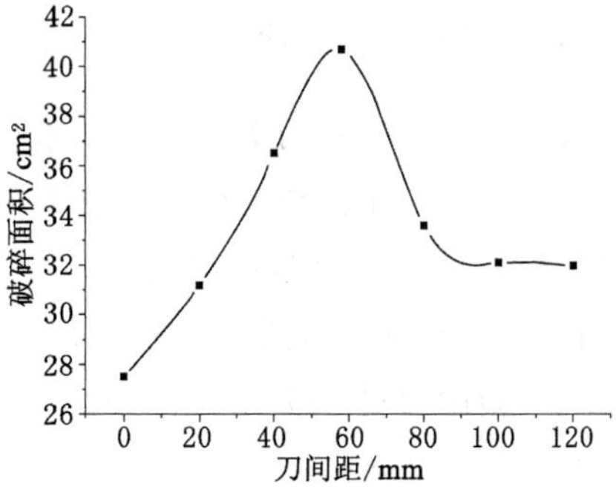

图 6-19　千枚岩刀间距与破碎面积关系图

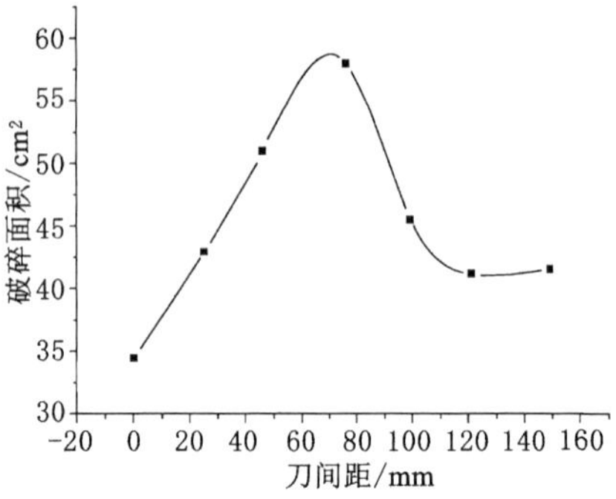

图 6-20　砾岩刀间距与破碎面积关系图

上述研究与分析表明，在滚刀贯入度一定的情况下，在双滚刀切割每种岩石样本下都存在一个最优刀间距。通过以上仿真得出花岗岩、石灰岩、千枚岩、砾岩的最优刀间距，如表 6-4 所示。当两把滚刀距离大于该最优刀间距时，在破碎区域将出现岩脊；小于最优刀间距时，会产生过度破碎，大大降低了滚刀破岩效率及使用寿命。因此确定不同岩石样本的最优刀间距，及对岩石样本在相应最优刀间距作用下的应力分布展开研究，对滚刀在刀盘上的布置具有重要意义。

表 6-4　岩石样本最优破碎刀间距

岩石种类	花岗岩	石灰岩	千枚岩	砾岩
最优刀间距/mm	49.2	52.3	60.5	71.9

6.5.3　岩石对不同刀间距适应性的实验研究

前面已经提到滚刀刀间距是滚刀在刀盘上布置的重要依据，也是全断面硬岩掘进机高效破岩的保障。为进一步研究刀间距对滚刀破岩效率因素的影响，本书充分利用研制的实验台双滚刀刀间距可调的实验功能和刀具受力检测系统，以切割花岗岩样本和千枚岩样本为例进行实验研究。

在滚刀切割岩石样本实验中，仍以 17 inch 滚刀为例。实验样岩选取芝麻黑花岗岩 G654 和粉砂质沉积千枚岩 PY102，尺寸均为 1 500 mm×800 mm×400 mm，其具体物理参数如表 5-4、表 5-5 所示。实验样岩直接放入试件台内，样岩在无初始应力条件下完成双滚刀对其被动切割，其破岩效果如图 6-21

所示。

图 6-21　双滚刀切割花岗岩和千枚岩效果图

在对花岗岩和千枚岩样本进行不同刀间距双滚刀切割实验中，保持滚刀滚压速度 1.5 m/s，滚刀贯入度为 10 mm/r 不变，双滚刀 Y 向间距 160 mm 不变，分别设定双滚刀 X 向刀间距按照 10 mm 标准递增方式从 20 mm 增至 80 mm。利用液压缸内置压力传感器对不同刀间距破岩时双滚刀的平均受力进行检测。图 6-22 为设定的不同刀间距下，双滚刀平均受力情况分布图。

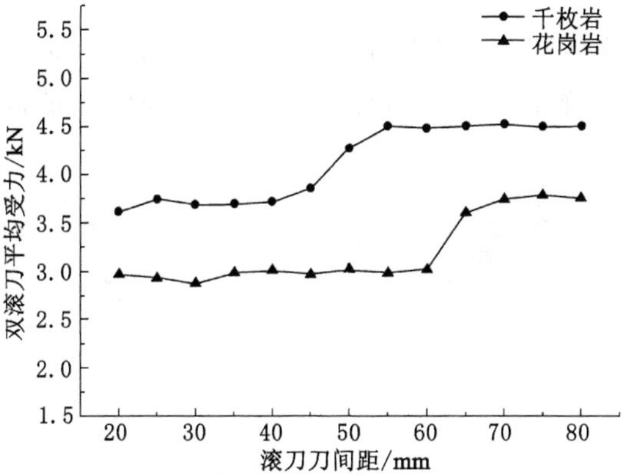

图 6-22　双滚刀平均受力情况

由上图实验结果可以看出，双滚刀在切割花岗岩和千枚岩样本过程中，随着滚刀刀间距的逐步增大，双滚刀平均受力呈阶段变化。双滚刀在切割花岗岩过程中，在滚刀受力曲线的前半段，即在滚刀刀间距较小，岩石样本形成过渡破碎时，双滚刀切割花岗岩样本的平均受力值约为 3.65 kN。当滚刀刀间距不断增大，增大至滚刀受力曲线后半段，即破岩形成岩脊，两把滚刀破碎区域没有相互作用时，滚刀平均受力值约为 4.52 kN。由花岗岩受力曲线观测出，滚刀受力阶跃变化区域对应的刀间距范围值为 46～54 mm。双滚刀在切割千枚岩过程中，滚刀刀间距较小时，双滚刀平均受力值约为 2.93 kN。当滚刀刀间距不断增大，增大至滚刀受力曲线后半段时，滚刀平均受力值约为 3.81 kN。滚刀受力阶跃变化区域对应的刀间距范围值为 60～65 mm。

分析以上实验数据可以得出，当滚刀间距过小时岩石样本出现过度破碎，两把滚刀破碎区域产生重叠，此时每把滚刀的平均受力较小；当滚刀间距逐渐增大时，破碎区域重叠区减小，当刀间距逐渐增大至最优刀间距（即两把滚刀破碎区域刚刚无重叠）时，岩石样本裂纹达到最大扩张，岩石样本破碎释放的能量达到最大，由于岩石属硬脆性材料，滚刀受力出现阶跃增大现象；当滚刀间距继续增大时，两把滚刀不会再出现过度破碎，破碎区域不会发生重叠，所以每把滚刀平均受力不会减小，将保持基本不变的趋势。由上述仿真结果得出的花岗岩最优刀间距为 49.2 mm，千枚岩最优刀间距为 60.5 mm。两种岩石样本最优刀间距仿真结果均在实验获得的最优刀间距范围之内，理论与实验结果相吻合，说明滚刀破岩的最优刀间距就在滚刀平均受力值阶跃变化区间所对应的刀间距范围内。

同时，观察花岗岩和千枚岩样本破碎后形成的岩碴，通过对岩碴进行收集及称重，测出花岗岩样本和千枚岩样本在不同刀间距下的破碎量，如图 6-23 所示。

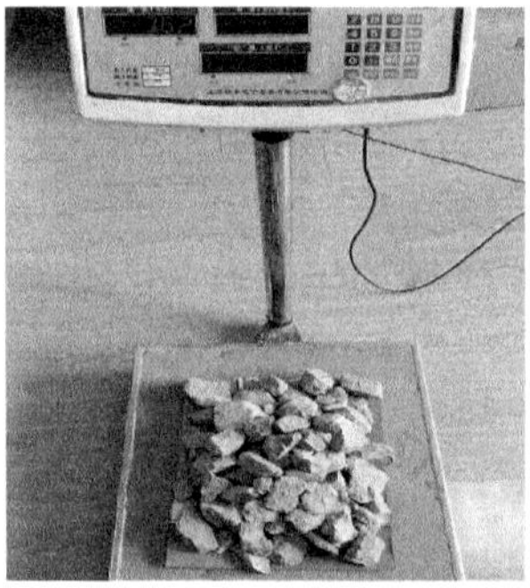

(a) 花岗岩样本破碎岩碴

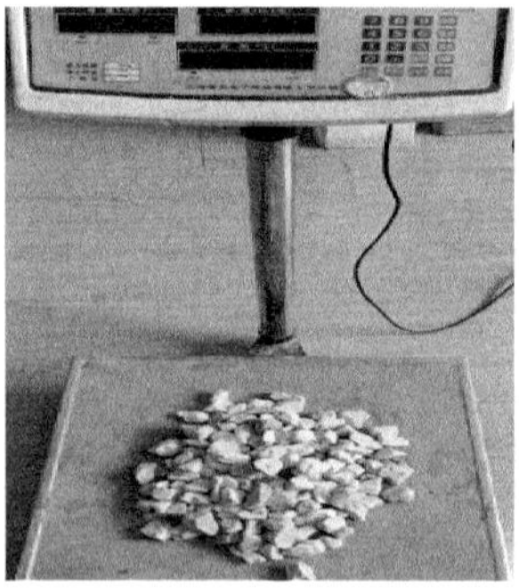

(b) 千枚岩样本破碎岩碴

图 6-23　基于双滚刀作用下岩石样本称重

由实验数据可以得出，在双滚刀切割花岗岩的过程中，当滚刀刀间距为 40 mm时，花岗岩产生过度破碎，破碎的花岗岩碴质量约为 5.59 kg；当滚刀刀间距为 50 mm 时，破碎岩碴质量约为 6.58 kg，而且破岩效果明显增强；当滚刀刀间距为 60 mm 时，破碎岩碴质量约为 6.37 kg，岩石样本破碎量有所降低。由所总结的千枚岩实验破碎曲线可以得知，当滚刀刀间距为 50 mm 时，破碎的千枚岩碴质量约为 7.01 kg，可以看出千枚岩产生过度破碎；当滚刀刀间距为 60 mm，破碎岩碴质量约为 7.92 kg，而且破岩效果明显增强；当滚刀刀间距为 70 mm 时，破碎岩碴质量约为 7.73 kg，岩石样本破碎量有所降低。对该数据进行整理，结果如图 6-24 所示。

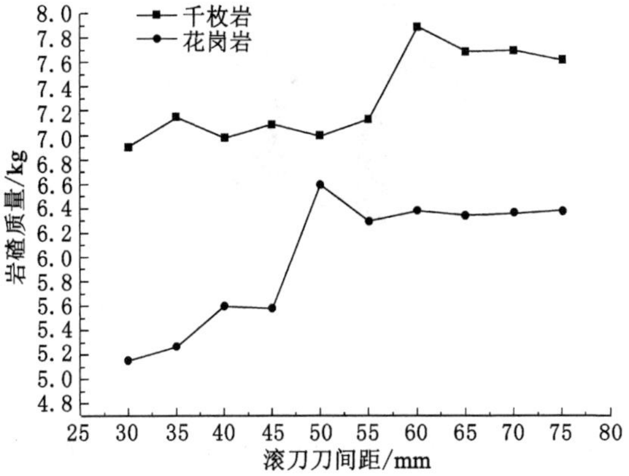

图 6-24　基于双滚刀作用下岩石样本破碎情况

通过实验可以得出，双滚刀切割花岗岩过程中，当滚刀刀间距在 50 mm 左右时，花岗岩破碎量最大，破岩效率最高，该范围恰在双滚刀切割花岗岩受力阶跃变化区域内，与理论仿真结果基本一致；双滚刀切割千枚岩过程中，当滚刀刀间距在 60 mm 左右，千枚岩破碎量最大，破岩效率最高，该范围在双滚刀切割千枚岩受力阶跃变化区域内，与理论结果基本一致。

6.6　工程实例

6.6.1　滚刀布置对刀具系统磨损的影响

为了研究滚刀磨损和布置及岩石完整性的关系，根据文献[109]的相关数据，分析滚刀磨损和在刀盘上的布置、岩石完整性等因素的关系。岩石完整性是岩石完好程度，与单位岩石裂纹数成反比。

图 6-25 是滚刀在刀盘上布置图，显示了滚刀位置和刀盘中心的距离。其中 1 号到 10 号是中心滚刀刀位，11 号到 50 号是正滚刀刀位，51 号到 65 号是边滚刀刀位。

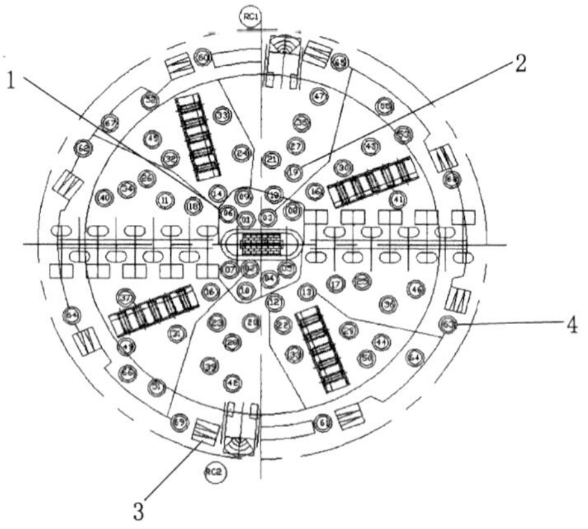

1—中心滚刀；2—正滚刀；3—边滚刀；4—扩孔刀

图 6-25　滚刀在刀盘上的布置

表 6-5　滚刀布置和磨损的对应关系(掘进 3 200 m)

刀具种类和位置	平均每个刀位磨损数量/把
1～10 号编位	9
11～17 号编位	11
18～30 号编位	16
31～40 号编位	28
41～50 号编位	37
51～65 号编位	69

表 6-5 是全断面硬岩掘进机掘进 3 200 m 的过程中，刀盘上不同位置编码处滚刀磨损数量。根据图 6-25 和表 6-5，中心位置(中心滚刀编号 1～10)平均每个刀位磨损刀具 9 把；正滚刀编位 11 号～50 号是离刀盘中心距离依次增大的正滚刀，平均每个刀位磨损刀具由 11 把增加到 37 把；而 15 把边滚刀的平均

每个刀位磨损刀具 69 把。这说明刀具位置距离刀盘中心越远，磨损刀具数量越大。其主要原因是刀具离刀盘中心越远，滚刀转速越大，刀圈外缘应力交变次数越多，则刀具磨损越快。

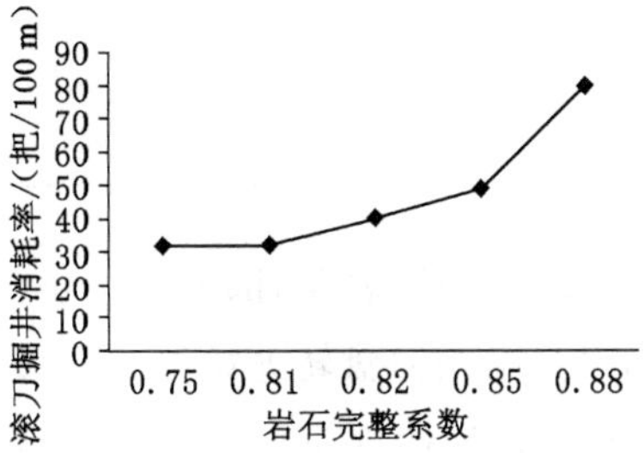

图 6-26　岩石完整系数和滚刀掘进消耗率的关系

6.6.2　岩石完整程度对滚刀磨损的影响

图 6-26 是全断面硬岩掘进机掘进消耗率和掘进岩石完整系数的关系。岩石完整系数是指掘进机的滚刀在刀盘旋转驱动作用下破岩后，被切割的岩石断面完整系数。岩石完整系数与岩石裂纹系数成反比，岩石完整系数越大，其内含裂纹越少。已知掘进岩石是混合片麻岩，掘进速度为 1.18 m/h，如图 6-25 所示，随着掘进岩石完整系数的升高，100 m 掘进消耗的滚刀把数增多，即掘进岩石完整系数与掘进滚刀的消耗量成正比例关系。这是因为岩石完整系数越大，岩石内部各部分结合力越大，去除岩层表面部分岩石需要的去除力越大，对滚刀的磨损也会增大。

6.6.3　基于辽西北施工项目滚刀磨损分析

辽西北供水工程(二段)施工 5 标工程位于辽宁省桓仁县境内，输水隧洞全长 21.391 km。全线高山大岭占 30%，山地占 40%，丘陵占 30%。岩层既有前震旦系深变质的大理岩、花岗片麻岩，又有上第三系、下第三系碎屑千枚岩，岩性多变，受构造程度影响也不相同，使得该地质条件复杂。隧洞后段的前震旦系片岩、硬砂岩地层受构造影响，断裂裂隙发育，表层风化严重。

本书统计了辽西北二段 5 标从 2013 年 3 月至 2013 年 6 月，TBM 283-390 全断面硬岩掘进机施工情况，见表 6-6 所示。

表 6-6　TBM 283—390 掘进报告

掘进时间	平均贯入度/(mm/r)	刀盘转速/(r/min)	掘进小时数	掘进尺数/m
2013.3	6.27	4.86	205.8	375.94
2013.4	6.46	5.31	204.9	421.191
2013.5	4.44	5.84	290.1	451.65
2013.6	5.17	6.48	273.1	549.48

由于辽西北二段地质工程多为硬岩岩质，因此掘进机月平均贯入度维持在4.44～6.46 mm/r之间。同时月平均刀盘转速始终不超过7 r/min。月均掘进尺数在375.94～549.48 m，月均掘进速度在1.56～2.06 m/h。在保证工期范围内竣工的同时，尽量减少滚刀平均贯入度及刀盘转速，这对减少滚刀磨损，避免刀盘在转动过程中卡死具有重要意义。

本书根据辽西北二段5标供水工程1号隧洞施工现场的滚刀更换资料，结合全断面硬岩掘进机参数以及隧洞的工程地质，对该项目滚刀的磨损及失效形式进行了分析与总结，见表6-7。

表 6-7　TBM 283-390 施工滚刀失效情况

掘进时间	滚刀检查/更换/%	正常磨损	偏磨	断刃	崩刃	挡圈掉	漏油	螺栓掉
2013.3	16	38	9	3	1	10	1	14
2013.4	20.3	84	23	2	7	13	0	38
2013.5	18.9	52	30	3	5	1	1	11
2013.6	19.8	65	33	3	18	15	3	15

由上表滚刀失效形式及各自所占比例可以得出：掘进机在正常施工中，因滚刀系统失效而造成施工停滞占总施工因素的16%～20.3%。由此可以看出经过对滚刀、刀盘系统的优化，及对破岩机理的研究，刀具失效影响已经大大降低。

同时，对比具体失效形式可以得出：滚刀正常磨损是滚刀失效的主要形式，约占总失效形式的42.8%～50.3%，大部分磨损滚刀距刀盘中心位置较远。所以我们认为，由于距刀盘中心位置越远，滚刀切割岩石的线速度越大，滚刀破岩路径越长，因此滚刀磨损量越大。滚刀偏磨及螺栓脱落对滚刀失效影响也亦是如此。

因此，对滚刀耐磨性及材质的研究，优化滚刀结构、预防滚刀破岩偏移仍将是一项重要的研究内容。

6.7　本章小结

本章分别建立了刀盘力学模型、双滚刀破岩力学模型；分析了刀盘失效形式，并对滚刀在刀盘上的布置进行了理论分析，提出了滚刀布置方法；应用有限元对刀具应力、应变及刀盘模态进行了仿真分析；基于不同刀间距对岩石的破碎情况及其对岩石适应性进行了分析。实验研究表明：

① 在破岩过程中，应力最大位置出现在滚刀刀圈外侧与岩体接触的位置；岩体破碎区域出现在滚刀刀圈压入岩体的正下方，并向四周扩展；不同岩石种类在相同载荷作用下，破碎区域的面积大小不同，岩石强度越大破碎区域越小，岩石强度越小破碎区域面积越大。

② 在刀盘的中心位置出现应力和应变最大值；随着掘进机载荷的增大，应力和应变增大；刀盘系统正常工作时振动频率远远大于掘进机实际工作中的转速，说明掘进机工作中不会出现振动过大的情况。

③ 在滚刀贯入度一定的情况下，增大刀间距，比能先减小，达到最小值后增大，说明刀间距存在一个最优值。

④ 不同类型的岩石，刀间距最优值不同，岩石强度越大，刀间距最优值越小。只有刀间距等于最优值时，单位时间破岩量最大，破岩效率最高。

⑤ 刀具刀位离刀盘中心的距离越大，刀具转速越大，刀具外缘应力交变次数越多，刀位上消耗的刀具数量越多；掘进岩石的完整性越高，岩石内部结合力越大，去除岩层表面岩石需要的去除力也越大，刀具磨损越多。

⑥ 根据滚刀和刀盘的模态分析，提出了利用二者之间的关系来验证刀盘设计和滚刀在刀盘上布置优化的合理性方法。

第7章 结　论

本书首先根据全断面硬岩掘进机刀具系统结构和工作原理，设计并研制了双滚刀硬岩掘进综合实验台；分析了实验台关键部件性能；建立了实验台智能控制系统；提出了用于实验台刀具系统的模糊神经网络预测控制技术。之后，基于滚刀破岩机理，建立了破岩时滚刀与岩石的力学模型和滚刀的模态分析模型；研究了滚刀与岩石的应力、应变分布规律和滚刀振动特性；分析了滚刀结构参数、工作参数和岩石特性对滚刀破岩的影响；另外，建立了掘进机刀盘受力模型和模态分析模型；模拟了施工时刀盘应力、应变分布规律和振动特性；分析了结构参数、工作参数对刀盘工作特性的影响；基于双滚刀间距的研究，优化了滚刀在刀盘上的布置。最后，通过双滚刀硬岩掘进综合实验台，对掘进机刀具系统进行了实验研究；同时基于实际施工项目对刀具受力、磨损及适应性等特性进行了验证。具体结论如下：

(1) 设计并研制了一种用于滚刀破岩实验的新装置——集成化双滚刀硬岩掘进综合实验台。该实验台可同时进行两把滚刀的滚压实验；可以实验分析贯入度、刀盘转速、刀具材质与尺寸、岩石硬度、滚刀之间间距和相位角对掘进性能的影响。通过调试和实验测试，集成化双滚刀硬岩掘进综合实验台在结构系统、测试系统和功能实现等方面都符合双滚刀硬岩实验要求。

(2) 研究与设计了实验系统工作台和刀具的液压控制系统。通过工作台液压系统拓扑图，建立了工作台运动数学模型和油缸的静态运行模型；同时还建立了刀具驱动系统的调速阀模型、比例换向阀模型和刀具负载模型，通过PID仿真优化与分析，得出了刀具最大运动速度、位移精度、可提供的最大压力。更关键的是针对刀具系统提出了模糊神经网络预测控制技术，将智能控制方法引入了控制系统，提高了刀具的控制精度和抗干扰能力。

(3) 基于滚刀破岩机理，建立了滚刀破岩力学模型；模拟分析了17 inch滚刀破岩的六阶模态所对应的滚刀转速分别为154 r/min、217 r/min、463 r/min、509 r/min、522 r/min和563 r/min，对比发现实际掘进时滚刀转速远离了上述六阶振频，不会出现共振现象。通过对滚刀和岩石受力分析发现：随着滚刀贯入度增大，岩石和滚刀受力增大；当贯入度达到一个临界值时，和滚刀接触的岩石上的应力达到岩石的抗压强度，岩石开始出现裂纹和破碎，本书将这个临界值称为临界贯入度；随着贯入度的进一步增大，破碎区域也扩大。同时，实验发现大理石、片麻岩、片岩和硬砂岩的临界贯入度依次增大，这说明滚刀掘进贯入度随着岩石的硬度降低而增大。

(4) 建立了双滚刀破岩力学模型。以大理岩为例模拟分析了滚刀间距对岩石破碎性能的影响，得出在一定贯入度时，随着刀间距增大，滚刀破岩效率先增加后减小，这说明双滚刀在切割大理岩过程中存在一个最优破岩刀间距。通过大量实验结果分析发现：花岗岩、石灰岩、千枚岩及砾岩在相同贯入度的前提下，最优破碎刀间距随其硬度降低而增大。通过对滚刀切割花岗岩和千枚岩的实验分析得出：双滚刀破岩刀间距过小时，滚刀的平均受力值和破岩质量较小；随着刀间距的增大，滚刀受力和破岩质量增加；当刀间距达到某一值时，滚刀受力和破岩质量达到最大值，刀间距这一值叫做最优刀间距；当刀间距过大时，滚刀受力和破岩质量不再增大。对比花岗岩和千枚岩的模拟和实验结果，最优刀间距的模拟结果和实验结果十分相似。

(5) 建立了直径为 6.24 m 的全断面硬岩掘进机刀盘力学模型，分析了掘进机实际施工时刀盘的应力、应变及模态分布。通过分析发现刀盘在第一阶固有频率 31.067 Hz 下，对应的转速约为 23.5 r/min，而刀盘平均转速为 6 r/min，换算成边刀转速为 56.7 r/min，所以刀盘上线速度最大的边滚刀转速低于临界转速，可避开共振区。滚刀刀位离刀盘中心的距离越大，滚刀转速越大，刀具外缘应力交变次数越多，相应刀位上的滚刀磨损越大，消耗的滚刀数量越多；同时，同一滚刀磨损越大，它与岩石接触面积越大，接触应力越小，掘进效率越低。

参考文献

[1] 郑孝福. 西秦岭特长隧道 TBM 施工有轨运输系统工程实践[J]. 隧道建设，2018，38(01)：80-85.

[2] 毛卫洪. 隧道掘进机(TBM)选型探讨[J]. 国防交通工程与技术，2011，(5)：15-17.

[3] 洪开荣，王杜娟，郭如军. 我国硬岩掘进机的创新与实践[J]. 隧道建设，2018，38(04)：519-532.

[4] 刘飞，段海林. 锦屏二级水电站引水隧洞岩溶段处理措施及施工[J]. 低碳世界，2018(01)：103-104.

[5] 王玉卿. 重庆地铁复合式 TBM(盾构)施工应用[J]. 建筑机械化，2011(6)：28-30.

[6] REMO GRANDORI. 深埋、复杂地质条件大直径隧道 TBM 的设计进展与创新[J]. 隧道建设，2012，32(1)：1-4.

[7] GATHIBANDHE M V，AGRAWAL R A，VYAS K N，et al. Neutronic design of Indian LLCB TBM[J]. Fusion engineering and design，2012，87(7)：1161-1165.

[8] 禹跃云. 铁路隧道机械化施工探讨[J]. 科技创新与应用，2014(4)：193-197.

[9] 龚秋明，佘祺锐，王继敏，等. 不同层厚层状岩体对 TBM 开挖的影响[J]. 岩石力学与工程学报，2010，29(7)：1442-1449.

[10] 陈晓东，陈居乾. 我国 20 世纪 TBM 设备研制及其工程应用[J]. 水利规划与设计，2019(01)：68-73.

[11] 陈炳瑞，冯夏庭，曾雄辉，等. 深埋隧洞 TBM 掘进微震实时监测与特征分析[J]. 岩石力学与工程学报，2011，30(2)：275-283.

[12] 吴世勇，周济芳. 锦屏二级水电站长引水隧洞高地应力下开敞式硬岩隧道掘进机安全快速掘进技术研究[J]. 岩石力学与工程学报，2012，31(8)：1657-1665.

[13] 刘小刚. TBM 在岩石城市轨道交通建设中的应用研究[J]. 现代隧道技术,2012,49(5):15-22.

[14] 张军伟,梅志荣,唐与. 特长隧洞 TBM 施工与锚喷支护应用研究[J]. 铁道工程学报,2011(1):39-46.

[15] 汪华东,孙周辉. TBM 设备管理[J]. 科技与企业,2014,(20):37-42.

[16] 杜鹏毅,郭永忠,张奇,等. 峭山隧道软弱围岩台阶法施工预留变形量预测原理及变形控制技术[J]. 隧道建设,2018,38(SI):148-155.

[17] 郝文光,特长斜井隧道施工 TBM 选型[J]. 研究公路交通科技(应用技术版),2012(8):267-670.

[18] 仲晓慧. 盾构技术在城市地铁施工中的应用[J]. 四川建材,2017,43(06):173-174.

[19] 阳斌. 单护盾 TBM 快速掘进条件分析[J]. 隧道建设,2014,34(10):997-1000.

[20] 隆泗. 日本全断面巷道掘进机的发展与应用研究[J]. 煤矿机械,2014,35(2):163-165.

[21] 高玮,杜家庆,杨龙. 地铁隧道 TBM 施工振动对周边环境影响的数值分析[J]. 路基工程,2015(01):100-103.

[22] 王继敏. 大型 TBM 通过岩爆洞段导洞开挖技术研究[J]. 水力发电,2011,37(12):38-40.

[23] 曾玲珑,雷尚文 . 浅析 N-J 工程不良地质条件下敞开式 TBM 掘进施工[J]. 土工基础,2018,32(04):365-368.

[24] WUWEI CHENG, WENYOU WANG, SHIQIANG HUANG, et al. Acoustic emission monitoring of rockbursts during TBM-excavated headrace tunneling at Jinping Ⅱ hydropower station[J]. Journal of rock mechanics and geotechnical engineering,2013((5):486-494.

[25] 邓铭江. 超特长隧洞 TBM 集群施工风险管控技术[J]. Engineering,2018,4(01):244-264.

[26] 姜天宇. TBM 法在大伙房输水工程施工中的应用探析[J]. 水利规划与设计,2016(12):139-141.

[27] TORABI S R, HHIRAZI S, HAJALI H, et al. Study of the influence of geotechnical parameters on the TBM[J]. 2013,6(4):1215-1227.

[28] KRAUSS W, KONYS J, LI-PUMA A. TBM testing in ITER:

Requirements for the development of predictive tools to describe corrosion-related phenomena in HCLL blankets towards DEMO[J]. Fusion engineering and design,2010,87(5):403-406.

[29] VILAS CHAUDHARI, RAM KUMAR SINGH, PARITOSH CHAUDHURI,et al. Analysis of the reference accidental sequence for safety assessment of LLCB TBM system[J]. Fusion engineering and design,2012,87(5):747-752.

[30] GONG Q M,YIN L J,WU S Y,et al. Rock burst and slabbing failure and its influence on TBM excavation at headrace tunnels in Jinping II hydropower station[J]. Engineering geology,2012,124(4):98-108.

[31] ROHOLA HASANPOUR, JAMAL ROSTAMI, BAHTIYAR ÜANVER. 3D finite difference model for simulation of double shield TBM tunneling in squeezing grounds[J]. Tunnelling and Underground Space Technology,2014,40:109-126.

[32] NICK BARTON. Reducing risk in long deep tunnels by using TBM and drill-and-blast methods in the same project-the hybrid solution[J]. Journal of rock mechanics and geotechnical engineering,2012,4(2):115-126.

[33] GOEL R K. Tunnelling through weak and fragile rocks of Himalayas [J]. International journal of mining science and technology,2014(24):783-790.

[34] 张文. TBM 掘进异常处理及参数选择[J]. 现代装饰(理论),2011(12):68-70.

[35] 高琨. 单护盾 TBM 在突泥涌砂地质段施工探讨[J]. 隧道建设,2012,32(1):94-98.

[36] WALTON G,DIEDERICHS M S,ALEJANO L R,et al. Verification of a laboratory-based dilation model for in situ conditions using continuum models[J]. Journal of rock mechanics and geotechnical engineering,2014,(6):522-534.

[37] SHIYONG WU. Rock mechanical problems and optimization for the long and deep diversion tunnels at Jinping Ⅱ hydropower station[J]. Journal of rock mechanics and geotechnical engineering,2011,3(4):

314-328.

[38] 白晔,引红济.石隧洞的工程地质条件及施工问题处理对策探讨[J].地下水,2014,36(5):180-181.

[39] 李震,霍军周,孙伟,等.全断面岩石掘进机刀盘结构主参数的优化设计[J].机械设计与研究,2011,27(1):83-86.

[40] 李刚,于天彪,费学婷,等.一种基于 CSM 模型的 TBM 刀盘比能预测方法[J].东北大学学报(自然科学版),2012,33(12):1766-1769.

[41] 李辉,王树林,汪加科.TBM 盘形滚刀受力分析[J].现代隧道技术,2012,49(3):193-197.

[42] 张魁,夏毅敏,谭青,等.不同围压条件下 TBM 刀具破岩模式的数值研究[J].岩土工程学报,2010,32(11):1780-1787.

[43] 王旭,赵羽,张宝刚,等.TBM 滚刀刀圈磨损机理研究[J].现代隧道技术,2010,47(5):15-19.

[44] 卢瑾,高捷,梅稚平.岩石力学参数对 TBM 掘进速率的影响分析[J].水电能源科学,2010,28(7):44-46.

[45] 孙金山,陈明,陈保国,等.TBM 滚刀破岩过程影响因素数值模拟研究[J].岩土力学,2011,32(6):1891-1897.

[46] 谭青,徐孜军,夏毅敏,等.两种切削顺序下 TBM 刀具破岩机理的数值研究[J].中南大学学报(自然科学版),2012,43(3):940-946.

[47] 邓志鑫,晏启祥.不同贯入度下铁路隧道 TBM 盘形滚刀的破岩效率分析[J].路基工程,2017(3):49-54.

[48] 夏毅敏,吴元,郭金成,等.TBM 边缘滚刀破岩机理的数值研究[J].煤炭学报,2014,39(1):172-178.

[49] 桑松龄.TBM 刀盘支撑筋布置优化[J].机械工程与自动化,2013(16):13-16.

[50] 张坤勇,文德宝,沈波.埋深对 TBM 法掘进隧道应力变形的影响[J].解放军理工大学学报(自然科学版),2012,13(3):298-304.

[51] 莫振泽.自由面对滚刀破岩机制影响的数值模拟研究[J].土木基础,2013,27(6):102-104.

[52] 邓立营,杨涛,高伟贤,等.全断面硬岩掘进机刀盘结构改进设计[J].机械设计与制造,2014,(2):52-58.

[53] 程军,巩亚东.基于数字样机技术的隧道掘进机刀盘破岩机理分析[J].中

国机械工程,2013(14):1847-1852.
[54] MARKUS THEWES, GEOL, FRITZ HOLLMANN. TBM-specific testing scheme to assess the clogging tendency of rock[J]. Geomechanics and tunnelling,2014,7(5):520-527.
[55] 张顶立,孙振宇,陈铁林.海底隧道复合注浆技术及其工程应用[J].岩石力学与工程学报,2019,38(06):1102-1116.
[56] 马仲阳.南水北调水源区流域生态环境可持续发展研究[J].河南水利与南水北调,2018,47(02):31-32.
[57] 李明杰.大直径泥水盾构推进及泥水平衡技术研究[D].杭州:浙江大学,2019.
[58] 李宁,李国良.兰渝铁路特殊复杂地质隧道修建技术[J].隧道建设,2018,38(03):481-490.
[59] 曹海涛.TBM 引进以来存在问题之回顾及对策[J].国防交通工程与技术,2011(1):32-36.
[60] 张照煌,李振,宋纯宁.全断面岩石掘进机刀盘结构设计的发展与挑战[J].矿山机械,2018,46(09):1-7.
[61] 胡精美.大伙房水库输水隧洞工程施工方法应用探析[J].吉林水利,2015,(10):60-62.
[62] PURAN SINGH. Design and analysis of a micro tunnel boring machines (TBM)[J]. Universal journal of mechanical engineering,2014,2(3):87-93.
[63] POITEVIN Y, RICAPITO I, ZMITKO M, et al. Progresses and challenges in supporting activities toward a license to operate European TBM systems in ITER[J]. Fusion engineering and design,2014,89(7):1113-1118.
[64] DELISIO A,ZHAO J. A new model for TBM performance prediction in blocky rock conditions [J]. Tunnelling and underground space technology,2014,43:440-452.
[65] DIPL, GEOL, RÉ HEIM. Equipment for advance probing and for advance treatment of the ground from the TBM[J]. Geomechanics and tunnelling. 2012,5(1):57-66.
[66] YIN L J ,GONG Q M,ZHAO J. Study on rock mass boreability by TBM

penetration test under different in situ stress conditions[J]. Tunnelling and underground space technology,2014,43:413-426.

[67] CHO J W, JEON S, YU S H, et al. Optimum spacing of TBM disc cutters: A numerical simulation using the three-dimensional dynamic fracturing method[J]. Tunnelling and underground space technology, 2010,25(3):230-244.

[68] 李刚,朱立达,杨建宇,等. 基于CSM模型的硬岩TBM滚刀磨损预测方法[J]. 中国机械工程,2014,25(1):33-35.

[69] 谭青,易念恩,夏毅敏,等. TBM滚刀破岩动态特性与最优刀间距研究[J]. 岩石力学与工程学报,2012,31(12):2453-2464.

[70] 陈炳瑞,冯夏庭,肖亚勋,等. 深埋隧洞TBM施工过程围岩损伤演化声发射实验[J]. 岩石力学与工程学报,2010,29(8):1562-1569.

[71] 张占杰,刘朴,赵海峰,等. TBM滚刀刀圈材料性能的研究[J]. 钢铁研究,2013,41(1):18-26.

[72] 王腾跃. TBM盘型滚刀关键技术及实验装置研制[D]. 沈阳:沈阳建筑大学,2011:26-29.

[73] 李洪祺. 复合式TBM在重庆地区复合地层的适应性分析[J]. 科技信息,2011(9):678-683.

[74] WUWEI CHENG, WENYOU WANG, SHIQIANG HUANG, et al. Acoustic emission monitoring of rockbursts during TBM-excavated headrace tunneling at Jinping Ⅱ hydropower station[J]. Journal of rock mechanics and geotechnical engineering,2013(5):486-494.

[75] 王彦侠,章跃林. TBM过沟河不良地质洞段施工技术研究[J]. 土工基础,2013,27(4):20-22.

[76] 贺溪,郭长江. TBM施工在楞古水电站引水隧洞的应用探讨[J]. 低碳世界,2014,(17):123-124.

[77] 惠世前,金长文. CCS水电站大断面长隧洞双护盾TBM掘进技术[J]. 云南水力发电,2014,30(5):78-81.

[78] 曹平,林奇斌,李凯辉,等. 节理倾角和间距对TBM双刃盘形滚刀破岩效率的影响[J]. 中南大学学报(自然科学版),2017,48(05):1293-1299.

[79] 刘建琴,刘蒙蒙. 隧道掘进机刀盘结构性能评价研究关键问题分析[J]. 现代隧道技术,2013,51(2):5-8.

[80] 孙红，周鹏，孙健，等. 岩石隧道掘进机滚刀受力及磨损[J]. 辽宁工程技术大学学报(自然科学版)，2013，32(9)：1237-1240.

[81] 王贺. 复合地层 TBM 破岩过程滚刀磨损机理及掘进效率研究[D]. 重庆：重庆大学，2016.

[82] SANSEVERINO E R, ZIZZO G, CASCIA D L. Economic impact of BACS and TBM systems on residential buildings[C]. Clean electrical power(ICCEP)，2013 International Conference 2013，1：591-595.

[83] 吴起星. 复合地层中盾构机滚刀破岩力学分析[D]. 广州：暨南大学，2011.

[84] WANG JINGCHENG ，GE YANG，LI CHUANG. Prediction of TBM penetration rate based on the model of PLS-FNN[C]. Control and decision conference(CCDC)，2013.

[85] 毛红梅，陈馈. 不同刀具配置下隧道掘进机高效破岩机理与推力预估[J]. 岩土工程学报，2013，35(9)：1627-1632.

[86] WANG PINGHUAI，CHEN JIMING，FU HAIYING，et al. Technical Issues for the Fabrication of a CN-HCCB-TBM Based on RAFM Steel CLF-1[J]. Plasma science and technology，2013，15(2)：133-136.

[87] 陈娜. 基于隧道复杂地况下 TBM 施工应对措施分析[J]. 建筑技术开发，2018，45(24)：28-29.

[88] 张珂，王腾跃，孙红，等. 全断面岩石掘进机盘形滚刀破岩模拟[J]. 沈阳建筑大学学报：自然科学版，2010，26(6)：1209-1213.

[89] LEE HO-KEUN，KANG HYUN-WOOK，et al. A study on the selection of optimal cross section according to the ventilation system in TBM road tunnels [J]. Journal of Korean tunnelling and underground space association ，2013，15(2)：135-148.

[90] 赵阳，洪啸. TBM 刀盘 驱动过程仿真研究[J] . 机床与液压，2014，42(19)：123-126.

[91] KURT KOGLER，HARALD KRENN. Drilling processes to explore the rock mass and groundwater conditions in correlation with TBM-tunnelling[J]. Geomechanics and tunnelling，2014，7(5)：528-539.

[92] ANGELONE M，KLIX A，PILLON M，et al. Development of self-powered neutron detectors for neutron flux monitoring in HCLL and HCPB ITER-TBM[J]. Fusion engineering and design，2014，89(9)：2194-

2198.

[93] EDIM RADONCI,MARIO HEIN,BERND MORITZ. Determination of the system behaviour based on data analysis of a hard rock shield TBM [J]. Geomechanics and tunnelling,2014,7(5):565-576.

[94] 柳同祥,白现军,王太兴,等. 软岩隧洞 TBM 施工中围岩变形预测研究[J]. 人民长江,2016,47(03):93-97.

[95] 龚秋明,佘祺锐,侯哲生,等. 高地应力作用下大理岩岩体的 TBM 掘进实验研究[J]. 岩石力学与工程学报,2010,29(12):2522-2532.

[96] JIAN SUN,DEHONG ZHAO,HONG SUN,et al. Design and simulation of the hydraulic system for the rock hob test-bed[J]. Advanced materials research,2011,146-147:565-570.

[97] MING LU,SHENG MAO,XUESONG SHEN. As-built modeling and visual simulation of tunnels using real-time TBM positioning data[J]. Simulation conference(WSC) ,2013,12:3066-3073.

[98] 刘颖超. 斜井 TBM 滚刀破岩机理及刀具磨损研究[D]. 北京:中国矿业大学(北京),2018.

[99] ZHIGUO YAN,HEHUA ZHU,J WOODY JU,et al. Full-scale fire tests of RC metro shield TBM tunnel linings[J]. Construction and building materials,2012,36:484-494.

[100] 吴永胜. 千枚岩隧道围岩力学特性研究及工程应用[D]. 北京:北京交通大学,2017.

[101] 王永飞. 花岗岩与地壳厚度关系探讨[J]. 建材与装饰,2017(36):239-240.

[102] 宋颖鹏. 边滚刀破岩特性的数值模拟与优化布置研究[D]. 成都:西南交通大学,2018.

[103] 赵晓东. 基于土层识别的盾构刀盘转速控制策略研究[J]. 电脑知识与技术,2015,11(08):194-196.

[104] 韩美东. 全断面岩石掘进机刀盘掘进载荷特性与结构性能研究[D]. 天津:天津大学,2017.

[105] 郭京波,王旭东,郑丽堃,等. 基于多目标遗传算法的复合式盾构刀盘刀具布置优化[J]. 隧道建设,2017,37(04):517-521.

[106] 宋克志,袁大军,王蒙说. 隧道掘进机(TBM)刀盘转速的讨论[J]. 建筑机

械,2005,08:63-64.

[107] MICHAEL REHBOCK-SANDER, GERD WIELAND, THOMAS JESEL. Advance probing measures on the TBM drives of the south contracts of the Gotthard Base Tunnel-experience and implications for other projects[J]. Geomechanics and tunnelling,2014,7(5):551-561.

[108] 孙学铭.基于离散单元法的TBM滚刀破岩过程数值模拟研究[D].济南:山东建筑大学,2019.

[109] 毕明洋,应华,张树丽.硬岩TBM盘形滚刀破岩力的一种计算分析方法[J].机电工程技术,2018,47(04):83-85.